Anleitung zum entspannten Leben

Wie Sie entspannt, glücklich, gesund und ohne
Müdigkeit durch eine aktive Zukunft gehen.

Gesundheitsförderung und probiotische
Medizin in Theorie und Praxis

Inhalt

04	**Vorwort**
09	**Einleitung**

	Kapitel 01
17	**Gesundheit und Wohlbefinden**

	Kapitel 02
27	**Stress**

	Kapitel 03
49	**Entspannung**

	Kapitel 04
59	**Erschöpfung**

	Kapitel 05
71	**Konzentration**

	Kapitel 06
81	**Schlaf**

	Kapitel 07
101	**Das Potenzial von Probiotika für unsere Psyche**

	Kapitel 08
123	**Ernährung**

148	Quellen- und Literaturverzeichnis

Vorwort

Liebe Leserin, lieber Leser,

mit dieser Anleitung zeigen wir Ihnen, wie Sie in Zukunft entspannt, glücklich und gesund durch Ihr Leben gehen. Wir geben Ihnen ganz konkrete Tipps und Hinweise, wie Sie bei vollem Wohlbefinden in ein tolles neues Leben starten können. Wir haben viele Studien herangezogen, denn wir wollen Sie gut und wissenschaftlich fundiert informieren. Unsere Tipps sind alltagstauglich und bestens erprobt. Im Rahmen unserer täglichen Arbeit mit unseren Klienten haben wir festgestellt, welche Tipps und Hinweise besonders gut funktionieren. Und genau diese haben wir für Sie in diesem Buch zusammengefasst. Wir alle wollen gesund sein und Einschränkungen wie Schlaf- und Konzentrationsstörungen einfach nicht in unserem Leben haben. Durch Stress werden immer mehr Menschen krank. Das war schon vor der Corona-Pandemie so. Jetzt hat der Stress, den wir täglich erleben, bedrohliche Ausmaße angenommen. Stress kann krank und dick machen. Mit unserem Programm und unseren Anleitungen entkommen Sie der Sackgasse Stress bestens.

Eine aktive Zukunft voller Glück. Klingt das für Sie etwas esoterisch? Genauso meinen wir es nicht. Es geht hier nicht um Räucherstäbchen, Duftkerzen und Co., sondern vielmehr um wissenschaftliche Erkenntnisse, die wir übersetzt haben, um ein Konzept für mehr Wohlbefinden zu entwickeln. Millionen Menschen leiden unter Müdigkeit, Stress, Konzentrationsschwäche und Co. Wer von uns ist schon gesund, so richtig gesund? Kaum einer. Und das gilt es, zu ändern. Die Forschung zeigt jeden Tag neue Ansätze für Therapien, die die Gesundheit und damit das Wohlbefinden fördern können.

Wussten Sie, dass Sie zwei Gehirne haben? Wir meinen damit nicht das Groß- und das Kleinhirn, sondern vielmehr das zweite Gehirn im Darm. Ja, im Darm. Hier leben 100 Billionen Bakterien. Sie leben mit uns in Symbiose. Es gibt eine direkte Verbindung zwischen dem Darm und dem Gehirn. Eine gesunde Darmflora macht uns glücklich und beugt Stress vor, während eine schlecht zusammengesetzte Darmflora uns stresst und sogar dick und krank machen kann. Umsorgen Sie also Ihre Darmflora und schädigen Sie sie nicht durch Antibiotika, Konservierungsstoffe und einen ungesunden Lebensstil. In einem gesunden Darm stecken Gesundheit und Wohlbefinden. Viele Studien beweisen das. Neben der Darmflora ist eine gesunde Ernährungsweise besonders wichtig für Gesundheit, Entspannung und Wohlbefinden. Wir zeigen Ihnen fernab von Radikaldiäten eine gesundheitsbewusste leckere Art der Ernährung. Autogenes Training und sportliche Aktivität sind Grundlagen eines gesunden Lebensstils. Außerdem müssen wir einfach achtsamer mit uns umgehen und bewusster über unser Verhalten nachdenken. Wir müssen reflektieren, was wir tun, denn dann können wir uns ändern und uns einfach besser fühlen. Leiden Sie unter Stress und seinen Folgen? Wollen Sie endlich wieder ausgeruht in den Tag starten, weniger gereizt sein, sich aktiver und fitter fühlen? Dann können Sie mithilfe dieses Buchs noch heute in die Umsetzung gehen!

Vorwort

Denn eines ist sonnenklar: Niemand hat so viel Stress, um nicht etwas dagegen zu tun. Im Gegenteil: Jetzt erst recht! Oft sparen wir bei der Entspannung – bei Ruhepausen etwa oder einem gesunden Schlafrhythmus – gerade dann, wenn wir am dringendsten Ruhe bräuchten. Gerade in Zeiten, in denen wir starken Stress empfinden, sollten wir „Stopp" sagen, innehalten und unseren Alltag – und uns selbst – neu sortieren. Allen inneren und äußeren Widerständen zum Trotz.

Keine Angst: Sie müssen dafür nicht von heute auf morgen Ihr gesamtes Leben vollständig umkrempeln und sich selbst total neu erfinden! Zunächst reichen ein paar wenige Stellschrauben in Ihrem Alltag, um dem Stress adieu sagen zu können. Diese Stellschrauben stellen wir Ihnen hier in unserem Buch vor – basierend auf aktuellen Studien und der Auswertung gegenwärtiger Umfragen. Wir haben wissenschaftliche Erkenntnisse für Sie übersetzt. Voraussetzung, um die für Sie richtigen und passenden Stellschrauben zu finden, ist vor allem ein ehrlicher Umgang mit sich selbst, ein aufrichtiges Hinterfragen der Gestaltung Ihres Alltags und Ihres Umgangs damit! Vielleicht mag ein ehrlicher Blick die ein oder andere Überraschung zutage fördern und an manchen Stellen gar auf einen wunden Punkt treffen. Ganz sicher werden Sie in Ihrem Umfeld neben Anerkennung auch Gegenwind ernten. Mit all diesen Dingen sollten Sie rechnen. Sie mögen unter großem Stress und seinen gesundheitsschädigenden Folgen leiden, doch für Ihr Umfeld funktionieren Sie auf diese Weise recht angenehm und gut. Viele Menschen mögen Veränderungen daher nicht. Doch wenn Sie sich wirklich aufrichtig mehr Entspannung und weniger Stress in Ihrem Leben wünschen, werden Sie nicht ohne Veränderungen auskommen. Diese Veränderungen werden Ihnen guttun. Vergessen Sie das nicht. Auch wenn Ihr Umfeld vielleicht nicht begeistert reagiert. Übernehmen Sie endlich Verantwortung für sich und Ihre Gesundheit! Dazu haben Sie alles Recht! Schnell werden Sie während des Lesens feststellen, dass wir Entspannung als viel mehr verstehen, als nur die Vermittlung von Methoden oder Entspannungstechniken. Entspannung ist und kann so viel mehr. Wenn Sie sie ernst nehmen und zum Teil Ihres Alltags werden lassen, ist und wirkt sie allumfassend. Entspannung kann sich wie ein wohliges Gefühl in Ihrem Leben ausbreiten. Ein Zaubermittel? Nein, das wäre sicher zu magisch. Leider gibt es keinen Hokuspokus-Spruch, der Ihnen den Weg zu Ihrer Entspannung einfach abnimmt. Sie werden selbst auf Spurensuche gehen müssen. Probieren Sie aus, verändern Sie etwas, vor allem: Bleiben Sie geduldig und konsequent dran. Entspannung wirkt über das reine Tun hinaus. Sie kann eine Haltung uns selbst und unserem Leben gegenüber sein. Wenn sie aktiv und bewusst ausgeübt wird, ist sie niemals Zeitverschwendung. Und genau das wünschen wir Ihnen, liebe Leserinnen und liebe Leser! Dass Sie einen bewussten und aktiven Weg für sich und Ihre Gesundheit finden, dass Sie den Mut und die Geduld haben, auch bei Gegenwind und in turbulenten Zeiten dranzubleiben und immer wieder zur Entspannung zurückzukehren. Gehen Sie dabei stets gut mit sich um. Das sollten Sie sich wert sein!

Wenn Sie Fragen oder Anregungen haben, melden Sie sich bei uns. Wir helfen Ihnen gerne weiter und sind dankbar für Ihre Rückmeldungen, um unser Buch für die Zukunft immer weiter zu verbessern. Wir wünschen Ihnen und Ihren Lieben viel Gesundheit, Entspannung und Wohlbefinden!

Ihr

PhDr. Sven-David Müller, M.Sc.
sdm@svendavidmueller.de

Ihre

Dipl.-Päd. Almut Müller, B.A.
almutmueller-coaching@email.de

Einleitung

Gesundheit und Wohlbefinden wünschen wir uns alle. Und doch stellen wir oftmals fest, dass Stress, Müdigkeit, Konzentrationsmangel und andere Probleme unser Leben allzu oft beeinflussen. All das führt nicht gerade zu Wohlbefinden. Vielmehr ist manchmal sogar die Gesundheit gefährdet.

Von Übergewicht über Diabetes mellitus bis hin zu Herz-Kreislauf-Erkrankungen und auch Depressionen reicht das Spektrum der Krankheiten, die uns ereilen. Wer ist schon vollständig gesund und könnte jeden Tag frisch und frei sagen: „Ich fühle mich durch und durch wohl und gesund!"? Kaum jemand. In unserem Buch finden Sie viele Anleitungen und Anregungen für ein gesundes Leben voller Wohlbefinden. Gleich zu Beginn stellt sich die Frage: Was ist eigentlich Gesundheit?

„Ohne Gesundheit und Wohlbefinden ist alles nichts." Arthur Schopenhauer

Gesundheit wird von der Weltgesundheitsorganisation (WHO) wie folgt definiert: „Gesundheit ist ein Zustand des vollständigen, körperlichen, geistigen und sozialen Wohlergehens und nicht nur das Fehlen von Krankheit und Gebrechen." Jeder dritte von uns hat beispielsweise Schlafstörungen. Schon allein damit ist keine vollständige Gesundheit gegeben. Und wer morgens müde erwacht, fühlt sich oft den ganzen Tag erschlagen und nicht wohl. Das Wort „Gesundheit" stammt vom germanischen „gasunda" ab, das so viel bedeutet wie „stark" und „kräftig". Wir möchten in den Dialog mit Ihnen einsteigen: „Wie geht es Ihnen?"

Einleitung

Auf diese in unserem Alltag oft gehörte Frage antworten wir nicht selten mit: „Ganz gut, nur etwas stressig zurzeit." Mal anders gefragt: Erinnern Sie sich an Zeiten, in denen Sie keinen Stress empfunden haben? In denen alles in Ordnung war, Sie nichts weiter als den aktuellen Augenblick im Kopf hatten und auch Ihr Körper sich gesund und gut anfühlte?

Je nachdem welchen Maßstab wir ansetzen, können wir Stress als Dauerzustand betrachten, der ab und zu unterbrochen wird. Etwa im Urlaub, wenn wir uns am Strand in unseren Lieblingsroman vertieft haben – vorausgesetzt, wir sind gut eingecremt, haben etwas zu trinken dabei und es sind keine anderen Strandbesucher vor Ort, die uns auf die Nerven gehen.

Wenn wir Stress als etwas verstehen, das einen Organismus aus einem ausgeglichenen, ruhenden Zustand in einen unruhigen versetzt, könnte so ziemlich alles Stress sein. Wir sitzen gemütlich in einem Sessel, trinken Tee und lesen Zeitung. Und dann klingelt es an der Tür – ist das Stress? Oder wir haben unsere Hausarbeit verrichtet, können endlich abends die Füße hochlegen, da kommen uns Gedanken an bevorstehende Aufgaben – ist das Stress?

Okay, das scheinen banale Alltäglichkeiten zu sein. Gehen wir eine kleine Stufe weiter: Unser Umzug steht wenige Tage bevor, wir haben noch keinen Käufer für unsere Sofagarnitur gefunden und das Umzugsunternehmen hat den Termin noch nicht bestätigt. Abgesehen davon ist unser halber Hausrat noch nicht in Kartons verpackt – ist das Stress?

Unser Chef will, dass wir nächste Woche in der Vollversammlung unser neues Marketingkonzept präsentieren. Und wir haben mit der Vorbereitung der Präsentation noch nicht begonnen – ist das Stress?

Was genau meinen Sie, wenn Sie sagen: „Ich habe Stress."? Bevor Ihnen all diese Fragen Stress verursachen, können wir Sie beruhigen:

Ja, alles kann Stress auslösen. Die Ursachen von Stress sind so individuell wie auch das empfundene Ausmaß und unser Umgang damit. Es gibt keine allgemein gültige Antwort auf die Frage: „Was stresst?" Denn das Empfinden von Stress ist eng verknüpft mit unserer eigenen Geschichte, unseren Erfahrungen und unseren Erwartungen, Ansprüchen und Zielen. Will ich immer allem und allen in meinem Umfeld gerecht werden? Erlaube ich mir Fehler? Welche Erwartungen habe ich an mich, an meinen Beruf, an mein Familienleben? Wie gehe ich mit Situationen um, die mir neu sind, oder in denen es Konflikte gibt? Fordere ich immer mehr von mir, und sage mir, ich muss durchhalten oder bin ich in der Lage, „Stopp" oder „Nein" zu sagen? Wie gut kümmere ich mich um mein eigenes Wohlbefinden? Ihr individuelles Stressempfinden hängt sehr stark von den Antworten auf all diese Fragen ab.

Allerdings lassen sich im Körper – unabhängig von diesen individuellen Ursachen – immer die gleichen Reaktionen und Abläufe beobachten. Egal, ob Sie Stress empfinden, weil Sie im Wartezimmer des Zahnarztes sitzen oder weil Sie an der Kasse im Supermarkt feststellen, dass Sie Ihr Portemonnaie vergessen haben: Im menschlichen Körper laufen seit Urzeiten die gleichen Vorgänge ab. Werfen wir einen Blick hinein.

Unser Stress- sowie Entspannungsempfinden werden von unserem vegetativen Nervensystem reguliert und gesteuert. Es besteht aus zwei Gegenspielern: dem Sympathikus und dem Parasympathikus. Wann immer einer der beiden aktiv ist, hat der andere Pause. Niemals können beide gleichzeitig arbeiten. Dabei haben sie komplementäre Aufgaben: Der Sympathikus ist für alles Aktive zuständig und befähigt uns zu Leistung, indem er beispielsweise den Blutdruck und die Herzfrequenz erhöht und dafür sorgt, dass sich unsere Muskulatur anspannen kann. Er erhöht unsere Leistungsbereitschaft und baut Energiereserven ab. Der Sympathikus bereitet unseren Organismus also auf eine Aktivitätssteigerung vor. Genau die gegenteilige Aufgabe hat unser parasympathisches Nervensystem. Es drosselt unser Tempo und ist für die Regeneration sowie den Aufbau von Kraftreserven verantwortlich. Es kurbelt Stoffwechselvorgänge sowie Verdauung an und wir können uns mit seiner Hilfe gut erholen. Am aktivsten ist der Parasympathikus, während wir schlafen. Die Wichtigkeit des Schlafs im Zusammenhang mit Stressabbau ist somit nicht zu unterschätzen, sodass wir diesem Thema hier ein eigenes Kapitel widmen.

Wenn wir uns unter Druck fühlen, ständig Leistung von uns erwarten und auf Daueraktivität eingestellt sind, ist der Sympathikus aktiv. Je weniger Pausen er hat, und der Parasympathikus das Ruder übernehmen könnte, desto stärker wirkt sich dies unmittelbar auf unsere Gesundheit und unser Wohlbefinden aus. Unser Puls- und Herzschlag sind dauerhaft erhöht, unser Blutdruck steigt, die Atmung wird flach und hektisch und unsere Verdauung streikt. Dass dieser Zustand auf keinen Fall andauernd sein sollte, liegt auf der Hand. Mögliche gesundheitliche Probleme sind Herz-Kreislauf-Störungen, Herzinfarkte, Bluthochdruck, Schlaganfälle, Verdauungs- und Schlafstörungen – und dies sind nur einige der körperlichen Folgen. Auch unsere Psyche findet keine Entlastung und Erholung mehr. Wir fühlen uns mehr und mehr erschöpft, sind gereizt und überdreht. Schlimmstenfalls können Angststörungen und Depressionen auftreten.

Grundsätzlich brauchen wir beide – den Sympathikus und den Parasympathikus. Der eine verhilft uns zu Leistung und Konzentration, der andere zu Ruhe und Erholung. Das eine geht ohne das andere nicht. In diesem ausbalancierten Zustand ist ein gesundes Leben möglich. Allerdings leben wir heute nur selten in dieser Ausgeglichenheit. Nach Belastungen erlauben wir uns selten genügend Ruhe. Oftmals ist unser Alltag so vollgestopft, wir sind überlastet und es droht Erschöpfung. Und wir sind Getriebene unserer modernen Gesellschaft: Unsere

Freizeit wird auf unzähligen Fotos festgehalten, soll Social-Media-tauglich sein. Mit unseren Urlaubs-, Feierabend- und Hobbyfotos wollen wir immer noch einen gewissen Status zeigen, wollen Likes und anerkennende Kommentare.

Daher soll es in diesem Buch um Folgendes gehen: Wir wollen Sie unterstützen, wieder in einen ausbalancierten Zustand zu gelangen, in dem Leistung und Erholung, Konzentration und Ruhe möglich sind. So können Sie gesund werden und bleiben. In Ihrem Alltag muss es Möglichkeiten zur Erholung und Regeneration geben, sonst werden Sie über kurz oder lang an Stressfolgen erkranken. Oder bereits vorhandene Symptome werden chronisch. Wir zeigen Ihnen, wie Sie sich täglich wohler fühlen können. Wir geben Ihnen eine Anleitung für Gesundheit und Wohlbefinden. Denken Sie dabei nicht nur an Ihre Psyche, den Stress, die Entspannung oder den Schlaf. Wir führen Sie auch in die Welt der wissenschaftlichen Studien ein und zeigen Ihnen ganz aktuelle Ansätze für ein gesundes Leben. Wussten Sie, dass unser Darm, vielmehr die Bakterien in unserer Darmflora, mit dem Gehirn korrespondieren? Ja, es gibt eine Darm-Hirn-Achse. Gesundheit und Wohlbefinden stecken auch im Darm – eben in der Darmflora. Wir erklären Ihnen, wie medizinisch relevante Probiotika Ihnen helfen können, stressresistenter zu werden und mehr Wohlbefinden in Ihren Alltag zu bringen. Die Werte von gesunder Ernährung und richtiger Entspannung dürfen nicht unterschätzt werden. Daher haben wir im Buch auch kleine Übungen angeführt, die Sie sofort in Ihren Alltag einbauen können. Lassen Sie sich von Ihrem Arzt und Apotheker beraten, welche Probiotika aus der Apotheke für Sie und Ihre Darmflora optimal sind.

Und jetzt geht es los. Auf jeder Seite finden Sie Tipps und Informationen für ein stressbefreiteres Leben, für mehr Wohlbefinden.

Kapitel 01

Gesundheit und Wohlbefinden

Laut dem Statistischen Bundesamt in Deutschland (Destatis) fühlen sich 65,2 Prozent der Bevölkerung gesund. Wir alle streben nach Gesundheit und Wohlbefinden. Es soll uns gut gehen. Möglichst ohne Mühe. Einfach so. Aber was ist Gesundheit eigentlich? Was ist Wohlbefinden? Diese Fragen beantwortet jeder anders. In jedem Fall ist es ein angenehmes Gefühl, alles ohne Probleme tun zu können und dabei keine Schmerzen zu haben. Alles funktioniert.

Die WHO hat schon im Jahr 1946 Gesundheit definiert. Gesundheit ist nach der WHO ein Zustand des vollständigen körperlichen, geistigen und sozialen Wohlbefindens. Sind Sie damit einverstanden? In der englischen Sprache heißt Wohlbefinden „well-being". Und inzwischen gibt es eine neue und erweiterte Erklärung für Gesundheit und Wohlbefinden der Weltgesundheitsorganisation.

„Es gibt tausend Krankheiten, aber nur eine Gesundheit."

Ludwig Börne

Für die WHO wird Wohlbefinden zur Fähigkeit, eigene persönliche, soziale und ökonomische Ziele umzusetzen. Das hilft, kritische Lebensereignisse zu bewältigen, einen gemeinschaftlich angelegten Lebensweg zu beschreiten und die dafür notwendigen Lebensverhältnisse zu pflegen. Es ist eine ganzheitliche Sicht einer bio-sozialen Gesundheit. Die WHO spricht damit subjektive und objektive Anteile der Gesundheit an. In jedem Falle ist Gesundheit mehr als die bloße Abwesenheit von Krankheiten.

Zur Gesundheit gibt es unendliche viele Zitate. Im Rahmen des in diesem Buch beschriebenen Programms ist wohl das Zitat von Sebastian Kneipp besonders passend: „Die Natur ist die beste Apotheke." Und von Arthur Schopenhauer stammt der Ausspruch: „Gesundheit ist nicht alles, aber ohne Gesundheit ist alles nichts." Der Darm ist unser zweites Gehirn. Wussten Sie, dass in den Bakterien, die in unserem Darm stecken und die sich auf unserer Haut befinden, 3,3 Millionen Gene stecken? Das sind rund 150-mal mehr Gene als ein Mensch – ein menschlicher Körper – besitzt. Im Magen-Darm-Trakt leben 100 Billionen Mikroorganismen. Das sind 100-mal mehr Zellen als der Mensch selbst Körperzellen besitzt. Eigentlich ist der menschliche Körper lediglich der Wohnort für Billionen von Bakterien und andere Mikroorganismen. Daraus können Sie die Wichtigkeit von Bakterien für den Menschen ablesen und wissen, welchen Charme und Gesundheitswert eine gesunde Darmflora hat.

Abb. 1: *Unsere Darmflora ist wichtig für optimale Abwehrkräfte, beugt Stress vor und hebt unser Wohlbefinden. Zudem kann uns eine gesunde Darmflora vor Krankheiten und Übergewicht schützen.*

Gesundheit und Wohlbefinden beginnen und enden im Dickdarm

Der Dickdarm ist ein wichtiger und besonderer Teil unseres Verdauungstrakts. Das weiß man nicht erst seit dem Bestseller „Darm mit Charme". Im Dünn- und Dickdarm wird nicht nur unsere Nahrung verdaut, ausgewertet und schließlich ausgeschieden. Insbesondere im Dickdarm lebt auch unsere Darmflora.

Wie viel merkt sich unser Darm und inwiefern ist der Darm mit dem Hirn verbunden? Die Verbindung zwischen Darm und Hirn wird mittlerweile schon länger erforscht. Im Laufe der Jahre hat die Wissenschaft durch viele Untersuchungen und Studien viel Spannendes herausfinden können. Unter der Darm-Hirn-Achse versteht man die enge Verbindung und den intensiven Informationsaustausch zwischen Darm und Gehirn – und zwar in beide Richtungen. Ein zentrales Element der Kommunikation zwischen Darm und Hirn ist das Nervensystem. Im Verdauungstrakt befinden sich ca. 100 Millionen Nervenzellen. Das sind vier- bis fünfmal so viele wie im Rückenmark.

Dass es enge funktionale Beziehungen zwischen Darm und Hirn gibt, ist in der Medizin spätestens seit der Entdeckung des Nervus Vagus bekannt. Aber dass dabei auch die Zusammensetzung der Darmflora eine wichtige Rolle spielt, ist eine Erkenntnis, die erst vor ca. zehn Jahren entstanden ist. Eine der Schlüsselpublikationen in dieser Hinsicht war ein Artikel von John Cryan, einem der Pioniere auf diesem Gebiet. In dieselbe Zeit fallen auch erste Studien mit medizinisch relevanten Probiotika, welche neben der anti-inflammatorischen auch eine stimmungsaufhellende Wirkung zeigten. Der Darm merkt sich – wie unser Hirn – bestimmte Erfahrungen. Was der Verdauungstrakt im Laufe der Zeit mit unterschiedlichen Nahrungsmitteln an Erfahrungen macht, wird direkt an das Gehirn weitergeleitet und dort abgespeichert. Auf diese Weise bringt uns der Darm bei, welche Nahrungsmittel gut für unseren Körper und welche eher zu meiden sind. Ohne diesen Informationstransfer würde der Stoffwechsel über kurz oder lang entgleisen. Schwere Erkrankungen wären die Folge.

Neueste Forschungsergebnisse haben gezeigt, dass die Diversität der Darmflora einer Person mit der Konzentration an Sexualhormonen im Blut korreliert. So hatten Männer mit einer größeren Vielfalt an Darmbakterien einen deutlich höheren Testosteronwert im Blut und Frauen einen dementsprechend erhöhten Östrogenspiegel. Es macht Sinn, die Darm-Hirn-Achse zu stärken. Das macht sich in doppelter Weise bezahlt. Einerseits funktionieren dadurch Verdauung und Immunabwehr wieder besser, und andererseits kann sich auch das Gehirn mit seinen Aktivitäten wieder besser und damit kreativer als zuvor entfalten. Die Schlaftiefe während der Erholungsphasen nimmt zu, was wiederum dem Gehirn aber auch der Verdauung zugutekommt. Auf diese Weise lässt sich mit etwas Ausdauer durch die regelmäßige Einnahme von medizinisch relevanten Probiotika aus der Apotheke eine positive Aufwärtsspirale in Gang setzen, die uns in kleinen Schritten – selbst aus einer bereits leicht depressiven Verstimmung – langsam aber sicher wieder nach oben zieht.

Die Kur für die Darm-Hirn-Achse
Am besten beginnt man eine solche Kur mit der Einnahme eines medizinisch relevanten Probiotikums, das dazu in der Lage ist, im Darm vorhandene Problemkeime möglichst rasch aus dem Verdauungstrakt zu verdrängen. Studien zeigen, dass beispielsweise medizinisch relevante Probiotika aus der Apotheke, zweimal pro Tag über vier Wochen lang eingenommen, den Dickdarm von jenen krankmachenden Bakterien befreien, die mit ihren Stoffwechselendprodukten – Ammoniak und Schwefelwasserstoff – das Gehirn stark belasten. Parallel dazu empfiehlt sich die Einnahme von Huminsäuren in konzentrierter Form zur

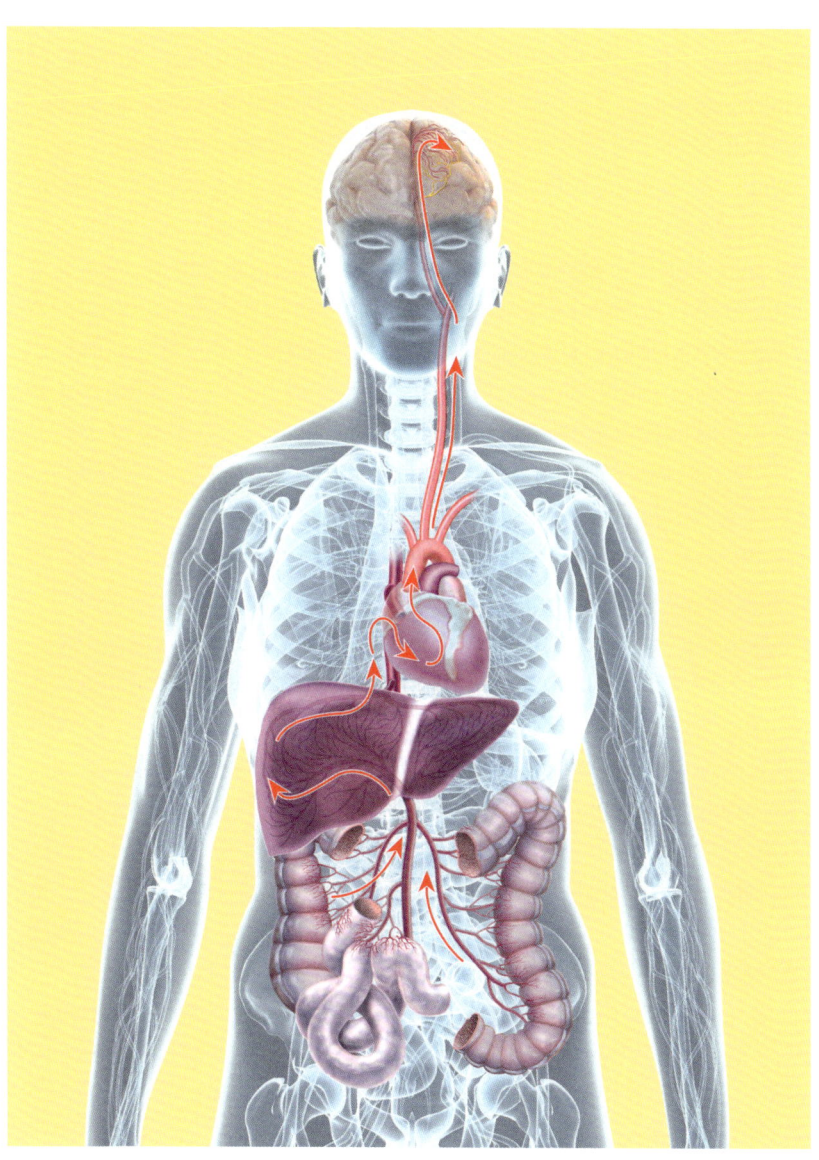

Abb. 2: *Der Einfluss der Darmflora auf unser Gehirn ist größer als vermutet.*

möglichst effizienten Bindung von bakteriellen Giftstoffen, die von Fäulniskeimen zu ihrer Verteidigung in den Dickdarm ausgeschüttet werden. Als dritte Maßnahme gilt die regelmäßige Einnahme eines geeigneten Ballaststoffpräparats (Präbiotikums), das gezielt „gute" Bakterien im Darm fördert, die einerseits die Schleimproduktion des Darmepithels anregen (beispielsweise Akkermansia muciniphila) und andererseits im Körper belastende Entzündungsprozesse dämpfen (wie Faecalibacterium prausnitzii). Eine gesunde Ernährungs- und Lebensweise, die in diesem Buch beschrieben werden, sollten diese Kur in jedem Fall als Basis verstärken.

Es gibt medizinisch relevante Probiotika, die das Wachstum dieser wichtigen, sauerstoffempfindlichen Bakterien anregen. Am besten funktioniert die Einnahme in langsam steigender oder „einschleichender" Dosierung. Nicht zuletzt ist es besonders bei chronischen Erschöpfungszuständen ratsam, den Erholungsprozess der Darm-Hirn-Achse durch die Einnahme von speziellen Präparaten aus der Apotheke zusätzlich zu unterstützen. Diese enthalten sowohl stärkende Komponenten für die Regeneration der Schleimhäute (Glutamin, B-Vitamine) und des Immunsystems (Zink) als auch für die möglichst rasche seelische Erholung des Gehirns (5-Hydroxytryptophan) und seiner Denkleistungen (Niacin, Pantothensäure und Magnesium).

Spielt schließlich auch noch die zum Teil mental ausgelöste Histaminausschüttung im Darm eine Rolle, empfiehlt sich bei akuten Beschwerden (Unwohlsein und Antriebslosigkeit) die Einnahme von medizinischen Papaya-Präparaten. Diese haben – ganz ähnlich wie die zuvor erwähnten Präparate – gleichzeitig einen positiven Effekt auf Magen, Darm und Gehirn, indem sie die Histaminrezeptoren im Verdauungstrakt blockieren und dadurch einen unmittelbar aufhellenden Effekt auf die Stimmungslage ausüben.

Inwiefern beeinflusst die Ernährung Ihre Darm-Hirn-Achse?

Wir haben gelernt, dass es eine Darm-Hirn-Achse gibt und dass uns eine ungesunde Darmflora krank und dick macht. Wie Sie Ihre Darmflora und damit die Darm-Hirn-Achse für mehr Wohlbefinden positiv beeinflussen können, lesen Sie jetzt. Damit sich unsere Darmbakterien optimal entfalten können, brauchen sie in erster Linie Ballaststoffe in ausreichender Menge. Haben sie diese nicht, können sie auch nicht jene wichtigen auf den Darm und den Hirnstoffwechsel positiv wirkenden Metaboliten wie kurzkettige Fettsäuren (Butyrat, Propionat, Acetat) aber auch Vitamine (K2, B12) sowie Milchsäure (Lactat) produzieren. Die aktuellen Empfehlungen der WHO liegen bei 30 Gramm Ballaststoffen pro Tag, wobei die entweder mit der Nahrung oder über Präbiotika aufgenommenen Ballaststoffe unterschiedlich sein sollten, um auch eine entsprechende Vielfalt (Diversität) der Darmflora zu fördern. Denn es hat sich in wissenschaftlichen Studien gezeigt, dass Bakterien ebenso wie Menschen ganz unterschiedliche Nahrung bevorzugen. Während Bifidobakterien resistente Stärke, die schlankmachenden Bacteroidetes hingegen Pektine lieben, mögen Akkermansien speziell Galactooligosaccharide. Eine gesunde, ausgewogene Ernährungsweise wirkt sich positiv auf die Darmflora aus. In diesem Buch lesen Sie, wie Sie richtig essen!

Kapitel 02

Stress

Stress und Wohlbefinden sind keine guten Partner. Wer gestresst ist, fühlt sich nicht wohl. Und wer sich wohlfühlt, ist selten gestresst und kann mit Stress gut umgehen. Einer Studie zufolge leiden 30 Prozent der Erwerbstätigen unter Dauerstress. Mindestens die Hälfte davon fühlt sich emotional erschöpft. Eine Studie der deutschen Techniker Krankenkasse kommt zu dem Ergebnis, dass 80 Prozent der Probanden ihr Leben als stressbelastet sehen.

Menschen sagen, dass Stress doch normal in unserer Gesellschaft ist. Denken Sie das auch? Wir leben in einer gestressten Gesellschaft. Aber ist Stress immer ungesund oder ist Stress tatsächlich normal? Einerseits gehört er zum Alltag, andererseits kann er nachweislich krank machen. Bei unseren Vorfahren diente die normale Stressreaktion dazu, den Körper in erhöhte Alarmbereitschaft zu versetzen und somit das Überleben zu sichern. Wenn wir heute an Stress denken, verbinden wir das wohl eher mit Krankheiten und allgemein schlechtem Befinden.

„Stress: Alles, was nicht Kaffeepause ist."
Anonym

In der Frühzeit der menschlichen Evolution war Stress überlebenswichtig. Gegen die meisten Fleischfresser konnten sich unsere Vorfahren anfangs nicht wehren. Dazu kamen Naturgewalten und andere Gefahren. Es war und ist also notwendig, dass der menschliche Organismus einfach und schnell in Alarmbereitschaft versetzt werden kann. Bei Gefahr schlägt das Herz rascher, der Atem beschleunigt sich, die Muskeln spannen sich an und die Pupillen weiten sich. Wir sind also aufmerksamer, schneller und stärker. Der Körper war sozusagen „sprungbereit" und konnte dem altsteinzeitlichen Säbelzahntiger entkommen und sich zu Wehr setzen. Um dafür ausreichend Energie zur Verfügung zu haben, nimmt die Durchblutung von Verdauungs- und Geschlechtsorganen ab. Für die Flucht brauchten unsere Vorfahren daher viel Energie. Bei Stress wird das präzise arbeitende, aber wesentlich langsamere Großhirn weitgehend ausgeschaltet, wodurch die Reaktionen instinktiv und schneller erfolgen.

Heute wird Stress nicht nur durch Katastrophen oder Schwerstarbeit (körperliche Schwerstarbeit) ausgelöst, sondern durch Reizüberflutung, Zeit- und Leistungsdruck, Konflikte in Partnerschaften und auch Schicksalsschläge. Je mehr wir uns negativen Reizen aussetzen, desto schlimmer werden die Stressreaktionen und desto kränker werden wir. Jeder Mensch reagiert anders auf Stress. Jeder fühlt sich unter anderen Voraussetzungen gestresst. Was für den einen angenehm ist, ist für den anderen bereits bedrohlich. Stress kann einerseits positiv und andererseits negativ wirken. Der positive Stress wird als Eustress und der negative als Dysstress bezeichnet. Dysstress macht auf Dauer krank. Eustress führt manche Menschen überhaupt erst zur Höchstleistung. In jedem Fall müssen sich Menschen von Eu- und Dysstress erholen können. Dauerstress – auch dauerhafter Eustress – ist schädlich. Jeder Mensch braucht Entspannung.

Dysstress beeinflusst den Stoffwechsel negativ, was zur Entstehung von Übergewicht, Fettsucht (Adipositas) und sogar Diabetes mellitus Typ 2 führen kann. Diabetiker müssen Stress vermeiden und täglich für Entspannung sorgen, denn Stress erhöht den Blutzuckerspiegel direkt.

Durch Dysstress werden viele Botenstoffe wie Adrenalin, Noradrenalin und Cortison freigesetzt. Das erhöht die Pulsfrequenz und den Blutdruck. Freie Fettsäuren steigen an und der Magen übersäuert. Stress macht der Schilddrüse und den Geschlechtsorganen Probleme. Themen sind in diesem Zusammenhang verringerte Empfängnisbereitschaft und verminderte Potenz. Gestresste haben Schwierigkeiten, Kinder zu bekommen. Wie wird man den Stress nun wieder los? Ganz einfach: Es gibt viele Entspannungstechniken. Zudem baut Sport Stress normalerweise ab. Selbstverständlich kein Hochleistungssport, denn auch bei Wettkämpfen wird Stress auf- und nicht abgebaut.

Wer dauerhaft gestresst ist, riskiert nicht nur Übergewicht und

Diabetes mellitus Typ 2, sondern auch Kopf-, Genick- und Rückenschmerzen. Dazu kommen noch Magenschmerzen, Sodbrennen, Durchfall, Verstopfung oder Blähungen. Bei vielen Menschen kommt es auch zu Schlaf- und Essstörungen. Sogar Zähneknirschen, Entzündungen, Stottern und Vergesslichkeit können stressbedingt sein. Alkoholische Getränke entspannen nie und Schlafen bedeutet nicht, dass Stress abgebaut wird. Entspannung und Schlaf sind völlig andere Dinge. Die schlimmsten Sätze in unserem Leben sind: „Das schaffe ich nicht!" oder „Das schaffe ich nie!". Diese entmutigenden Aussagen erzeugen Stress – und oftmals gelingt ein Vorhaben dann tatsächlich nicht.

Bedingungen von Stress
Halten wir fest: Grundsätzlich kann uns alles stressen – je nach unserer eigenen Geschichte, unserer Haltung uns, unserem Leben, unserem Alltag und unseren Mitmenschen gegenüber.

Wenn Sie also das Ziel haben, weniger Stress in Ihrem Leben zu haben, müssen Sie auch an Ihren eigenen Einstellungen, Meinungen und Gewohnheiten arbeiten. Wir sind nicht Opfer unseres Umfelds, unserer Umgebung und auch nicht unserer Vergangenheit. Wir können jederzeit damit beginnen, die Dinge des Lebens anders und neu zu betrachten und unsere Verhaltensweisen bewusst zu verändern. Auch wenn wir uns angesichts wachsender Aufgaben und steigender Erwartungen vielleicht manchmal fühlen, als wären wir all dem hilflos ausgeliefert. Es liegt auch an uns, wie wir mit diesen äußeren Einflüssen umgehen und wie wir unsere Lebenssituation und unseren Alltag gestalten – und letztlich meistern.

Die Frage, die sich wie ein roter Faden durch alle Kapitel dieses Buches ziehen wird, ist folgende: Nehmen wir uns und unsere Aufgaben nicht viel zu ernst? Jetzt mal ehrlich: Wenn wir einen Schritt zurücktreten und versuchen, unser Leben von außen oder aus der Vogelperspektive zu betrachten: Ist es wirklich so stressig, was wir erleben? Und ist es wirklich so unveränderbar? Muss es so sein?

Verhalf uns die Stressreaktion früher zu einer schnellen Fluchtreaktion, erscheint diese Reaktion heute als völlig übertrieben. Denn genau genommen sind wir heutzutage nur mehr sehr selten mit echten Bedrohungen konfrontiert. Und doch funktioniert unser Körper immer noch auf dieselbe Art und Weise wie in der Steinzeit. Wir erleben etwas als Stress, unsere Alarmsignale „springen an" und der Stresskreislauf beginnt. Der Sympathikus ist aktiviert. Wir können uns und unserem Körper heute in zweifacher Hinsicht helfen: Unseren Alltag als weniger bedrohlich wahrnehmen, sodass weniger Stressimpulse ausgesendet werden sowie unser Leben aus einer grundsätzlich entspannteren Haltung heraus gestalten. Und zum anderen können wir lernen, die Stresswogen in uns auf sanftere, tiefere Weise und schließlich langfristig zu reduzieren sowie unsere Kraftreserven mit den richtigen, gesundheitsförderlichen Methoden wieder aufzufüllen.

Umfragen über Ursachen von Stress haben gezeigt, dass die Stress-Quellen in drei Kategorien eingeteilt werden können: in psychische/mentale Ursachen, körperliche sowie äußere Bedingungen. Diese drei Bereiche lassen sich genau genommen nicht voneinander trennen. Vor allem ihre Folgen hängen eng zusammen: Wir können körperlichen Stress empfinden, zum Beispiel aufgrund von Fehlhaltungen oder zu großer Lautstärke. Und natürlich haben diese Einflussgrößen Auswirkungen auf unser psychisches Wohlergehen. Oder wir fühlen uns durch eine äußere Bedingung, wie zum Beispiel die Vereinbarkeit von Familie und Beruf, stark gestresst. Das wiederum hat Auswirkungen auf die zwei anderen Bereiche – wir schlafen vielleicht schlechter, essen hektisch und leben jeden Tag mit der Angst, es nicht zu schaffen. Wir haben uns alle drei genannten Stress-Kategorien genauer angesehen und werden nach und nach ihre Bedingungen, Zusammenhänge, Folgen aber auch ihre Veränderbarkeiten aufzeigen.

Stress basiert grundsätzlich immer auf individuellen Ursachen. Unabhängig davon, ob sie psychischer Natur sind (beispielsweise Frust, Ärger, Enttäuschung), körperlicher Natur (Schmerzen, Krankheiten, Mangel an Schlaf, Ernährung oder Bewegungsmangel) oder ob sie von „außen" kommen (vorgegebene Zeiten, Verkehrs-, Familien- oder Jobsituation): Wenn wir weniger Stress erleben oder uns leichter und nachhaltiger von stressigen Phasen erholen wollen, können und müssen wir die Bedingungen, die uns stressen, verändern. Das heißt jedoch auch, Gewohnheiten und Vertrautes zu hinterfragen oder vielleicht sogar ganz loszulassen.

Egal was Sie gegen Stress unternehmen: Ziel jeder Entspannung, jeder Veränderung, jeder Entlastung kann es nicht sein, dass Sie sich noch mehr Aufgaben aufhalsen, noch mehr „funktionieren", dass Sie noch mehr Erwartungen entsprechen oder noch mehr in noch kürzerer Zeit schaffen. Das ist kurzfristig gedacht – die Stresswogen holen Sie wieder ein. Es hilft grundsätzlich nur, jene langfristigen und dauerhaften Veränderungen herbeizuführen, die Ihren Alltag und Ihren Umgang mit Ihren Ressourcen und somit Ihre Gesundheit entspannter und ausbalancierter werden lassen. Fragen Sie sich daher bei all Ihren Planungen, was Ihnen guttut, was Ihnen helfen und wie es für Sie leichter sein könnte.

Psychische Belastungen und mentale Erschöpfung

Die erste Stress-Kategorie, die wir uns näher anschauen wollen, umfasst die psychischen Einflussfaktoren auf unser Stressempfinden: die psychischen Belastungen. Natürlich haben alle drei Kategorien Einfluss auf die jeweils anderen zwei. Geht es uns körperlich schlecht, werden wir uns auch mental nicht gut fühlen. Umgekehrt gilt jedoch das Gleiche: Wenn wir uns körperlich gut und gesund fühlen, werden wir insgesamt ausgeglichener sein. Diesen Effekt macht sich zum Beispiel das autogene Training zunutze. Es führt positive körperliche Reaktionen hervor, die entlastend und entspannend auf unsere Psyche wirken. Aber dazu an anderer Stelle mehr.

Psychische Belastungen und ihre Symptome wie Folgen sind vielfältig. Die meisten Menschen reden nicht gern darüber. Denn psychische Belastungen werden schnell als Schwäche ausgelegt – zumindest befürchten wir das. Daher manifestieren sie sich oft über Wochen und Monate, bis es schließlich nicht mehr anders geht, es uns richtig schlecht geht und wir uns endlich Hilfe und Unterstützung suchen und uns auf Veränderungen einlassen. Nicht selten müssen erst unangenehme körperliche Folgen entstehen, bis wir „Stopp" sagen.

Kennen Sie das? Seit Wochen fühlen Sie sich müde, antriebslos und sind so erschöpft, dass Sie bereits am frühen Abend auf dem Sofa einschlafen?

Oder Sie fangen – scheinbar ohne Anlass – an, zu weinen, wenn Sie mit sich allein sind und sich unbeobachtet fühlen?

Oder Sie wälzen sich im Bett hin und her, ohne einschlafen zu können? Am nächsten Morgen fühlen Sie sich gerädert und können sich kaum vorstellen, den Tag gut zu überstehen?

Oder Sie explodieren vor Zorn bei (objektiv betrachteten) Kleinigkeiten und beschimpfen dabei Ihre Familie, Ihre Kinder, Kollegen oder Mitmenschen? Sie fühlen sich fast täglich müde, gereizt, traurig oder ängstlich?

All das können Folgen von psychischem Stress sein, den wir nicht selten mit Durchhalteparolen abtun. Das kann gefährliche Auswirkungen haben, denn von allein, ohne dass wir unser Verhalten, unsere Gewohnheiten, Denk- und Sichtweisen, die Umstände, die zur Belastung führten, ändern, werden die negativen Konsequenzen für unsere

Gesundheit nicht verschwinden.

Es gibt eine Unzahl psychischer Belastungsfaktoren, die bei uns für negativen Stress und seine Folgen sorgen. Diese Faktoren sind individuell unterschiedlich und lassen sich nur schwer verallgemeinern. Denn sie hängen eng mit unserem eigenen Erleben zusammen, unseren Erfahrungen, unserer Geschichte, unseren Zielen und Wünschen. Dennoch zeigen Umfragen zu inneren, psychischen Stressfaktoren nach Gruppen einzuteilende Ergebnisse. Da wir nur ungern und selten über unsere psychischen Belastungen sprechen, wissen wir oft nicht, dass unsere Kollegen und Nachbarn oftmals ähnliche Zustände erleben und empfinden. Allein sind wir mit diesem Thema also sicher nicht, was nicht zuletzt der große Absatz von Psychopharmaka deutlich zeigt. Doch bevor wir zu Medikamenten mit all ihren Nebenwirkungen greifen, gibt es weitaus mildere Methoden, die für Entlastung sorgen können. Später dazu mehr.

Die folgenden mentalen Belastungsfaktoren konnten in Umfragen als meistgenannte Einflussgrößen herausgefiltert werden. Und jeder von uns kann sich wohl in ihnen wiederfinden – auch wenn die Symptomatik individuell ist.

In Zeiten von Castingshows, Influencern und einer Überpräsenz von Z-Promis in den Medien wird uns suggeriert, dass alles ganz einfach möglich und erreichbar ist. Sie brauchen weder ein besonderes Talent noch umfangreiches Wissen. Im Gegenteil: Begabung und Wissen scheinen häufiger sogar eher hinderlich zu sein, um in der Medienberichterstattung erscheinen zu können. Wenn Sie nur als Zuschauer vor dem Fernseher oder vor Ihrem Smartphone sitzen, haben Sie etwas falsch gemacht. Tagtäglich scrollen wir durch den Newsfeed unserer Social-Media-Plattformen und ziehen Vergleiche: Makellose Looks von Menschen, traumhafte Urlaubsziele, exquisite Wohnungseinrichtungen etc. werden präsentiert. Na klar, das kann uns anspornen, es auch zu schaffen! Aber je nach mentaler Verfassung fällt uns diese positive Reaktion unendlich schwer. Im Gegenteil: Wir ziehen Vergleiche, wenn auch nicht immer völlig bewusst. Gegen die uns auf diese Weise präsentierten Stars und Sternchen erscheint unser Leben geradezu langweilig und erfolglos.

Vergleiche haben einen sehr großen Einfluss auf unsere Frustrationstoleranz und damit auf unser Stressempfinden. Haben wir uns eben noch über unser neues Smartphone gefreut, wird uns in den Medien bereits das nächste und modernere Modell präsentiert. Einmal im Jahr an die Ostsee zu fahren, reicht als Urlaub nicht – erzählen uns unsere zahlreichen Freunde auf Facebook und Co. von ihren vielen Urlaubsreisen rund um die Welt. Und aktuell haben es Homeschooling und Homeoffice während des Lockdowns der Corona-Pandemie ans Licht gebracht: Ein internetfähiger PC reicht für eine vierköpfige Familie nicht mehr aus, um am Alltagsleben teilnehmen zu können. Auf diese Weise steigt unser Frustpegel stark an. Und das ist Stress. Wir jagen Bildern hinterher, die uns suggerieren, wie unser Leben sein sollte, aber nicht ist. Die Wirklichkeit, in der wir leben, scheint von unseren Träumen und Wünschen weit entfernt zu sein. So machen wir uns selbst tagtäglich unglücklich. Aus diesem Mangelgefühl entstehen kein Antrieb, keine Hoffnung, keine Motivation, sondern Frust und Stress. Dass es auch anders geht, schauen wir uns später noch an. Aber zunächst halten wir fest: Vergleiche stressen und setzen uns unter Druck. Und wir sind Vergleichsmöglichkeiten stärker denn je ausgesetzt. Waren es früher nur die Verwandten, Kollegen oder Nachbarn, hat sich der Kreis der Vergleichsmöglichkeiten heute deutlich erweitert. Die gefühlte Diskrepanz zwischen unserer Wirklichkeit, unserem Alltag und unseren Wünschen ist enorm groß. Was also tun, wenn Sie sich ständig unter Druck fühlen, mehr leisten zu müssen? Wenn Sie das Gefühl haben, in Mangel zu leben – zu wenig von allem, zu wenig Geld, zu wenig Luxus, zu wenig Anerkennung, zu wenig Zeit, zu wenig… zu haben?

Wenn Sie aus dieser Sicht agieren, sehen Sie Ihr Leben immer von unten: Die anderen Menschen haben es besser, leichter. Den anderen geht es besser, sie sind reicher, leben schöner etc. Aus dieser Perspektive ist alles um Sie herum Mangel: Ihre Wohnung ist nicht schön, nicht groß genug, Sie selbst sind nicht schön genug, Ihre Familie ist nicht gut genug, Ihr Beruf ist eine reine Plage, Ihr Leben eintönig und langweilig.

Es ist daher Zeit, die Perspektive zu wechseln und auf das zu schauen, was da ist. Nicht um stehenzubleiben oder Wünsche und Träume abzutun, frei nach dem Motto: „Sei doch endlich mal zufrieden." Nein, sondern um dankbar für das zu sein, was schon ist, was bereits da ist. Sie haben eine Wohnung. Sie haben eine Familie. Sie haben einen Beruf. Sie haben ein Smartphone. Sie haben einen Internetanschluss. Sie haben einen gefüllten Kühlschrank. Sie haben Freunde. Sie haben gute Kleidung etc. Schauen Sie mal auf das, was da ist und fertigen Sie eine Liste an: Schreiben Sie „Ich habe…, ich bin…, ich kann…" und notieren Sie zu jedem der drei Punkte mindestens 20 Punkte – wir sind uns sicher, es werden wahrscheinlich sogar viel mehr werden, wenn Sie erstmal so richtig in Fahrt sind. Halten Sie mindestens die nächsten vierzehn Tage morgens, am besten noch vor dem Aufstehen und abends, kurz vor dem Einschlafen, kurz inne und denken Sie an drei Dinge, für die Sie dankbar sind. Das können große Dinge sein, wie Ihre Kinder oder Ihr Haustier. Es können aber auch kleine Dinge sein, wie das niedliche Eichhörnchen, das Sie nachmittags im Park beobachtet, oder die Parklücke, die Sie unerwartet direkt vor der Tür gefunden haben.

Was passiert dann? Und was hat das mit Entspannung zu tun? Nun, die einfachste Antwort wäre nun: Probieren Sie es aus und Sie werden es merken. Aber wir geben Ihnen gerne ein paar Anhaltspunkte mit. Es wird Folgendes passieren: Sie nehmen einen anderen

Blickwinkel ein – weg vom Mangel, hin zur Fülle. Egal, welche Wünsche und Ziele Sie haben und was Sie wirklich von ganzem Herzen erreichen wollen – aus dem Gefühl des Mangels heraus werden Sie bestimmt nicht die dafür notwendige Energie ziehen können. Aus etwas Negativem kann nichts Positives erwachsen. Die Weichen stehen auf Frust und Enttäuschung. Schauen Sie jedoch auf das, was bereits da ist und gehen mit dem Gefühl der Dankbarkeit durch den Tag, werden sich plötzlich ganz andere Türen für Sie öffnen und Sie werden schöne Dinge viel mehr und stärker wahr- und annehmen können. Denn Sie werden eine andere Haltung, eine positive Ausstrahlung und gute Gefühle entwickeln. Ihre Zufriedenheit mit sich und Ihrem Leben wird wachsen. Und aus diesem Kraftgefühl heraus können ganz neue Ideen entstehen und sich Möglichkeiten auftun. Und es lebt sich nun einmal wirklich schöner mit einem Gefühl von „Mir-geht-es-gut" als „Ich-habe-zu-wenig". Und genau das ist Ent-Spannung. Sie nehmen Druck und Spannung aus Ihrem Alltag heraus. Sie kommen ins Gleichgewicht mit sich und Ihrem Leben. Balance entsteht. Und der Sympathikus kann mal Pause machen und muss Sie nicht 24 Stunden am Tag auf Leistung trimmen. Denn es ist ja schon alles da. Sie können sich endlich auf wirklich Wichtiges besinnen.

Und ganz praktisch funktioniert es noch einfacher, indem Sie Ihr Smartphone oder Ihren PC einfach mal ausschalten. Vielleicht nehmen Sie sich vor, erstmal abends für eine Stunde nicht aufs Smartphone zu schauen. Und das weiten Sie dann aus – vielleicht gelingt es Ihnen nach ein paar Tagen dann sogar, das Smartphone mal einen kompletten Tag ausgeschaltet zu lassen. Der Sinn dahinter ist, dass Sie weniger abgelenkt werden. Sie können sich auf sich selbst fokussieren. Hören Sie Nachrichten im Radio, aber lassen Sie weniger regelmäßig und seltener Bilder an sich heran. Denn Bilder erreichen uns viel tiefer und nachhaltiger. Und vor allem überfluten uns die neuen Medien mit

Bildern. Und wenn es keine Bilder sind, die Neid und Enttäuschung in uns wecken, so sind es schlimme Bilder von Kriegen, Überflutungen und anderen Katastrophen. „Angefüllt" mit diesen Bildern, kann unser Geist nicht zur Ruhe kommen und keine positiven Gefühle entwickeln. Schauen Sie sich stattdessen schöne Bilder an, die Sie beruhigen, inspirieren und erfreuen. Umgeben Sie sich mit diesen Bildern! Gerne ab heute: Morgens und abends an drei Dinge denken, für die Sie dankbar sind und abends das Smartphone und den PC ausschalten. An Ihren Kühlschrank, Schreibtisch, Ihre Wohnungstür oder neben den Fernseher je ein schönes, inspirierendes und erfreuliches Bild hängen. Nach 14 Tagen machen Sie eine Bestandsaufnahme, wie es Ihnen damit ergangen ist. Und ob sich etwas und was sich geändert hat.

Mit dem soeben beschriebenen Gefühl des Mangels ist das Gefühl der Hoffnungslosigkeit eng verbunden. Wir scheinen festzustecken in unserem Alltag, in einem Hamsterrad. Wir verrichten alltäglich unsere Aufgaben und scheinen doch nicht vom Fleck zu kommen: Immer noch können wir uns den Urlaub unserer Träume nicht leisten, ein eigenes Haus ist schier unerreichbar für uns und in unserem Beruf haben wir die höchste Gehaltsstufe längst erreicht. Und wenn wir uns die Welt um uns herum so anschauen, scheinen wir auch relativ machtlos gegenüber zahlreichen Katastrophen zu sein: Pandemien, Klimawende, Kriege. Wir leben in ständiger Angst – und das ist der pure Stress. Wenn wir keinen Ausweg, kein Licht am Ende des Tunnels sehen, spielt uns unser Gehirn einen Streich: Es macht eine Unendlichkeit daraus. Es suggeriert uns, dass wir „für immer" in dieser Situation gefangen sein werden. Doch hier gibt es eine gute Nachricht: Auch das ist veränderbar! Denn diese empfundene Hoffnungslosigkeit ist nur eine der vielen Möglichkeiten, mit unserer Situation umzugehen. Es gibt weitere Varianten.

Wenn Sie sich ausgeliefert fühlen und den Eindruck haben, nicht vom Fleck zu kommen und machtlos zu sein, machen Sie sich wieder zum Herrn (oder zur Dame) der Lage! Sie müssen dafür nicht gleich die ganze Welt retten oder Ihr Leben vollständig umkrempeln. Zunächst reichen kleine Schritte. Wählen Sie kleine Dinge aus, die Sie noch heute ändern oder anders machen können. Dabei ist der Weg das Ziel. Wenn Sie kleine Dinge verändern, kleine alltägliche Entscheidungen neu überdenken und treffen, geben Sie sich selbst wieder das Gefühl, die

Macht in Ihrem Leben zu haben – und nicht bloß eine Marionette zu sein, die macht, was man ihr sagt. Sie brechen aus dem Hamsterrad aus und werden aktiv. Das können zunächst kleine Aktivitäten sein: Nehmen Sie einen anderen Weg zur Arbeit, stehen Sie 15 Minuten früher auf und machen etwas Gutes für sich: Eine extra Tasse Tee, ein kleines Workout, eine kleine Meditation oder Sie nehmen sich die Zeit, einfach länger am Frühstückstisch zu sitzen und vielleicht ein Buch zu lesen. All diese Dinge erscheinen banal. Aber Sie werden schon bald merken: Wenn Sie das konsequent mindestens 14 Tage lang durchziehen, wird sich Ihre Gefühlslage deutlich verändern. Sie werden sich viel weniger ausgeliefert fühlen. Denn Sie merken, dass Sie entscheiden. Und es ist völlig ausreichend, dies erstmal anhand scheinbar banaler Alltäglichkeiten zu üben und umzusetzen. Vergessen Sie alle Ausreden, die vielleicht in Ihnen aufkommen: Der Weg zur Arbeit ist zu weit, um ihn mit dem Fahrrad zu fahren; ich habe keine Zeit für neue Dinge; das rettet die Welt ja eh nicht. Mit diesen oder ähnlichen Aussagen sorgen Sie nur weiter für Stillstand in Ihrem Leben. Und Passivität und Stillstand, ohne Genuss und Muße, erzeugen Stress. Denn Stillstand „drückt" Sie nieder. Sie werden traurig, depressiv und mutlos. Bringen Sie Farbe in Ihr Leben, werden Sie lebendig! Vielleicht im wahrsten Sinne des Wortes: Suchen Sie sich eine Wand in Ihrer Wohnung aus und gestalten Sie sie neu – es muss ja nicht gleich die ganze Wohnung sein. Und wenn Sie geübter darin werden, Ihre Entscheidungen umzusetzen, können Sie zu größeren, mutigeren Dingen übergehen. Vielleicht entscheiden Sie sich dazu, doch Ihren Traum umzusetzen und sich endlich zum Klavierunterricht anzumelden. Oder Sie schließen sich einer Laufgruppe in Ihrer Nachbarschaft an. Oder Sie treten einer politischen Partei oder einem Verein bei und engagieren sich auf diese Weise. Sie können auch Nachbarschaftshilfe anbieten, Hundesitten oder im Altenheim in Ihrer Nähe Besuche oder Lesungen anbieten. All das lässt

Sie Ihre Kompetenz, Ihre Fähigkeit, Entscheidungen zu treffen, wieder spüren. Sie können sich wieder als Gestalter Ihres Alltags, Ihres Lebens erleben. Was das mit Entspannung zu tun hat? Probieren Sie es aus! Ihr Alltag wird sich entspannen, Sie werden wieder durchatmen können und sich leichter und wohler fühlen. Und genau das ist Entspannung.

Beobachten Sie sich mal, vielleicht genau jetzt, während Sie dieses Buch lesen. Oder auch einfach mal zwischendurch in Ihrem Alltag: Wenn Sie am Schreibtisch, im Auto oder im Wartezimmer sitzen, den Abwasch tätigen oder Essen zubereiten: Beobachten Sie einfach mal – ohne etwas zu verändern – Ihren Körper. Werfen Sie mal einen inneren Blick auf Ihre Schultern: Hängen sie locker und entspannt oder erreichen sie angespannt fast Ihre Ohren? Und was ist mit Ihren Füßen? Stehen sie fest auf dem Boden, oder wippen sie nervös auf und ab? Ist Ihr Rücken aufrecht oder beugen Sie sich leicht vor?

Sicher, diese Beobachtungen scheinen mehr zur Kategorie der körperlichen Stressfaktoren zu gehören. Doch weit gefehlt. Mentaler Stress lässt sich gut am eigenen Körper ablesen. Wir fühlen uns angespannt – und wir spannen an: unsere Muskulatur. Nicht selten gehen wir in dieser gestressten Haltung durch den gesamten Tag. Wir fühlen uns andauernd angespannt und unter Druck. Unter Druck, Erwartungen zu erfüllen, mit unseren Aufgaben fertig zu werden, Leistung zu erbringen, Verhaltensnormen zu entsprechen, ein bestimmtes Image zu verkörpern und vieles mehr. Man könnte meinen, wir seien erwachsen, führen ein selbstbestimmtes Leben und treffen unabhängige Entscheidungen. Doch unsere Psyche sieht das nicht selten völlig anders. Wir leben in Abhängigkeiten – zu unseren Kollegen und Vorgesetzten, zu unseren Nachbarn, Familien und sozialen Kontakten. Wir wollen Streit und Konflikte vermeiden und passen uns an, um nicht anzuecken. Nicht selten verursachen wir uns damit mehr Stress, als wir zu vermeiden versuchen. Vor allem dann, wenn wir unser Verhalten über einen längeren Zeitraum aufrechterhalten. Und immer dann, wenn wir gegen unsere eigenen inneren Überzeugungen agieren. Oder etwas tun oder nicht tun, obwohl wir dabei ein schlechtes Gefühl entwickeln. Oder wenn wir irgendwo das erste Mal sind und über bestehende Verhaltensnormen nicht ausreichend Bescheid wissen. Eine neue Arbeitsstelle kann uns daher stark unter Druck setzen. Und das ist Stress – wir stehen unter Anspannung. Diese Art von Stress ist besonders hartnäckig und hinterhältig. Denn sie hat öfters die Moral auf seiner Seite. Verhaltensnormen, Aussagen wie: „Das macht man nicht!", „Das ist so üblich!", „Das klappt eh nicht!" etc. setzen uns unter Druck, es „richtig" zu machen. Wir glauben, uns nicht so zeigen zu dürfen, wie wir sind. Wir trauen uns nicht, „Nein" zu sagen, aus Angst vor Ablehnung, vor Konflikten, vor Enttäuschung. Aus den gleichen Gründen trauen wir uns nicht, Grenzen zu setzen und „Stopp, bis hierhin und nicht weiter!" zu sagen. Die positiven Reaktionen unseres Umfeldes scheinen uns und unser Verhalten zunächst zu bestätigen. Selbstverständlich können wir uns in Situationen an Normen anpassen oder ein bestimmtes, erwünschtes Verhalten zeigen – auch wenn es nicht unserer gegenwärtigen Überzeugung entspricht. Wenn wir diese Entscheidung bewusst treffen, löst es keinen nennenswerten Stress aus. Das sind Spielregeln, die wir gut einhalten können. Wie etwa eine angemessene Kleidung beim Vorstellungsgespräch zu tragen, nach 22 Uhr die Musik leiser zu stellen oder während der Pandemie-Zeit eine Maske in der Öffentlichkeit zu tragen. Wenn wir aber Entscheidungen der Anpassung nur treffen, um nicht anzuecken, oder aus Angst vor Ablehnung oder vorm Scheitern, treffen wir sie nicht aus vollem Bewusstsein, sondern aus Vermeidungs- und Angstverhalten heraus. Wir fühlen uns schlecht und sind angespannt. Dauerhaft sexistische Bemerkungen zu dulden, weil sie vom Chef oder Schwiegervater kommen, stresst. Ständigen Vorhaltungen und Belehrungen ausgeliefert zu sein und sie hinzunehmen, weil sie vom Partner oder der Familie kommen, stresst. Das eigene Kind ständig ermahnen zu müssen, noch leiser zu sein, weil der Nachbar sich sonst beschwert, stresst. Obwohl es sich nicht richtig anfühlt, mit anderen Kollegen über die Kollegin zu tratschen, nur um dazuzugehören und nicht selbst zum Tratsch-Opfer zu werden, stresst. Die Liste ist unendlich.

Vielleicht finden Sie selbst etwas in Ihrem Alltag, das Sie hinnehmen oder tun, obwohl es sich für Sie nicht richtig anfühlt? Auf Dauer ist das der pure Stress – mit all seinen Folgen.

Die Fragen, die Sie sich täglich mehrfach selbst stellen dürfen und müssen, wenn Sie diese Art von Stress deutlich reduzieren wollen, sind: „Wie will ich es haben?", „Will ich das wirklich (nicht)?" und „Wie kann es leichter für mich sein?". Diese Fragen öffnen den Kopf für Lösungen und neue Sichtweisen. Sie legen damit den Fokus auf Ihre

Bedürfnisse, Vorstellungen sowie Wünsche und verlieren sich selbst dadurch nicht so leicht aus den Augen. Und Sie werden merken: „Geht nicht" gibt es nicht. Wenn Sie sich diese Fragen aufrichtig und ehrlich stellen, werden Sie Ihren Ausreden auf die Schliche kommen. „Das kann ich doch nicht sagen/tun!", „Das ist nicht möglich!" oder „Es geht nicht anders!" sind Aussagen, die aus Angst, Vermeidung oder Unsicherheit resultieren. Wenn Sie sich fragen, wie Sie es wirklich haben wollen und wie es möglich sein kann, das zu erreichen, werden Sie Lösungen statt Ausreden finden. Sie werden Ideen entwickeln, wie es klappen kann, wie es noch einfacher für Sie sein kann. Und das ist Entspannung. Sie müssen dann weder passiv und frustriert Dinge über sich ergehen lassen, noch auf andere schimpfen, die Ihnen angeblich Dinge vermiesen oder verhindern. Sie richten den Fokus auf sich und damit auf alle Möglichkeiten, die Sie haben und entwickeln können.

Auch nach einem langen Tag voller erledigter Aufgaben hat der psychische Stress noch lange kein Ende. Selbst wenn wir endlich auf dem Sofa sitzen und uns einen Film anschauen oder bereits im Bett oder in der Badewanne liegen: Das Gedankenkarussell in unserem Kopf dreht sich weiter. Wir denken über Vergangenes nach und planen das, was vor uns liegt. Unsere Aufmerksamkeit wandert zu anderen Dingen, wir machen uns Sorgen und grübeln. Müde auf dem Sofa sitzend, plagt uns die Angst vor dem nächsten Tag. Unter der Dusche fällt uns ein, dass wir für unser Auto dringend einen Werkstatt-Termin ausmachen müssen und wir eine Überweisung und einen Rückruf vergessen haben. Im Bett wandern unsere Gedanken dann zu Problemen in der Familie oder im Büro. Und wir denken, dass wir uns unsere Zukunft sowieso und ganz sicher anders vorgestellt haben. Das ist mentaler Stress pur! Wir kommen nicht zur Ruhe. Diese innere Unruhe kann uns auch einen freien Tag vermiesen, an dem nur abends ein harmloser Termin im Kalender steht. Unsere Gedanken kreisen um die Planung dieses Termins.

Ständiges Nachdenken, die Sorgen und das Planen sind dafür verantwortlich, dass wir gedanklich nicht abschalten können. Erinnern Sie sich an die Schilderung des vegetativen Nervensystems? Im Dauergrübeln- und Planungsmodus ist der Sympathikus ständig aktiv und der Parasympathikus kommt nicht zum Einsatz. Das heißt, dass wir nonstop Leistung liefern – gedanklich aber auch körperlich. Unser Herzschlag ist andauernd erhöht, die Atmung schnell und flach und andere Körperfunktionen, wie die Verdauung, sind auf Sparen eingestellt. Der Körper fokussiert sich auf die Funktionen, die zum aktuellen Überleben (Flucht oder Kampf) notwendig sind. Es liegt nahe, dass das auf Dauer kein gesundheitsförderlicher Modus ist.

Dieser Stressfaktor ist sicher der Klassiker und meistens das, was wir als Antwort kriegen, wenn wir nach Stress fragen: „Ich kann nicht abschalten. Ich komme nicht zur Ruhe." Wir Menschen sind Wesen, die über ein Zeitgefühl verfügen – im Unterschied zu Tieren. Das macht uns das Planen und Organisieren möglich, es lässt Erinnerungen und Visionen in uns lebendig werden. Der Nachteil jedoch ist, dass es uns in einen ständigen Unruhezustand versetzen kann. Wenn Sie ein Haustier haben, beobachten Sie es mal: Es hat kein Zeitgefühl, es lebt im Hier und Jetzt. Selbst wenn morgen ein Besuch beim Tierarzt anstünde, würde es heute noch entspannt auf seinem Deckchen liegen – vorausgesetzt, wir selbst wuseln nicht aufgrund des Termins aufgeregt um unseren Liebling herum. Und nach dem Tierarztbesuch ist unser Haustier vielleicht noch einen Moment beleidigt und schmollt, sucht sich dann etwas zum Futtern, trinkt etwas und dann und insbesondere – ruht es sich aus. Anschließend ist es wieder ganz im üblichen Modus und freut sich, wenn es uns sieht. Leider ticken wir nicht so.

Wir würden spätestens einen Tag vorher bereits planen, über den bevorstehenden Termin grübeln, weniger Freude bei den Dingen, die wir tun, empfinden, schlechter schlafen und gereizt auf alles und jeden reagieren. Doch das muss nicht so sein! Wir haben dieses Zeitgefühl zwar, aber wir sind nicht dessen Opfer. Wir können lernen – ähnlich unseren Tieren –, im Hier und Jetzt zu leben. Nur so werden wir die Möglichkeit finden, unser gedankliches Karussell zu stoppen und daraus auszusteigen.

Auch dafür gibt es viele Möglichkeiten, die individualisierbar für Sie umsetzbar sind. Zu diesen Optionen zählt unter anderen das Erlernen des autogenen Trainings: Progressive Muskelrelaxation sowie regelmäßiges Meditieren – dies sind klassische Methoden der Entspannung. Sie sind nicht an einem einzigen Tag erlernbar, sondern bedürfen Liebe und Ausdauer. Außerdem empfiehlt es sich, einen Kurs zu buchen, um diese Methoden in einer Gruppe und mit Anleitung zu üben und zu erlernen. Allein zu Hause sind diese Methoden – vor allem für Neulinge – nicht leicht erlernbar und es können Schwierigkeiten sowie Unsicherheiten auftreten. Während eines Kurses können Fragen direkt geklärt und Verhaltensweisen korrigiert werden. Sicher ist das zunächst zeitaufwendig. Aber es lohnt sich! Diese Methoden sorgen für tiefe Entspannung, sorgen dafür, dass unsere Gedanken klar werden, wir uns auf das gegenwärtige Leben einlassen können. Diese Methoden der Tiefenentspannung gehen über die reine Anwendungszeit hinaus: Bei regelmäßiger Anwendung stellen sich nach einer Zeit von etwa zwei bis drei Wochen tiefere Ruhe und Entspannung ein – auch nach und zwischen den reinen Übungszeiten. Es wird Ihnen nach und nach immer leichter fallen, Ihre alten Denkmuster zu stoppen. Es wird Ihnen leichter fallen, in der Gegenwart zu leben. Es wird Ihnen leichter fallen, Ihr Leben entspannt und achtsam zu gestalten.

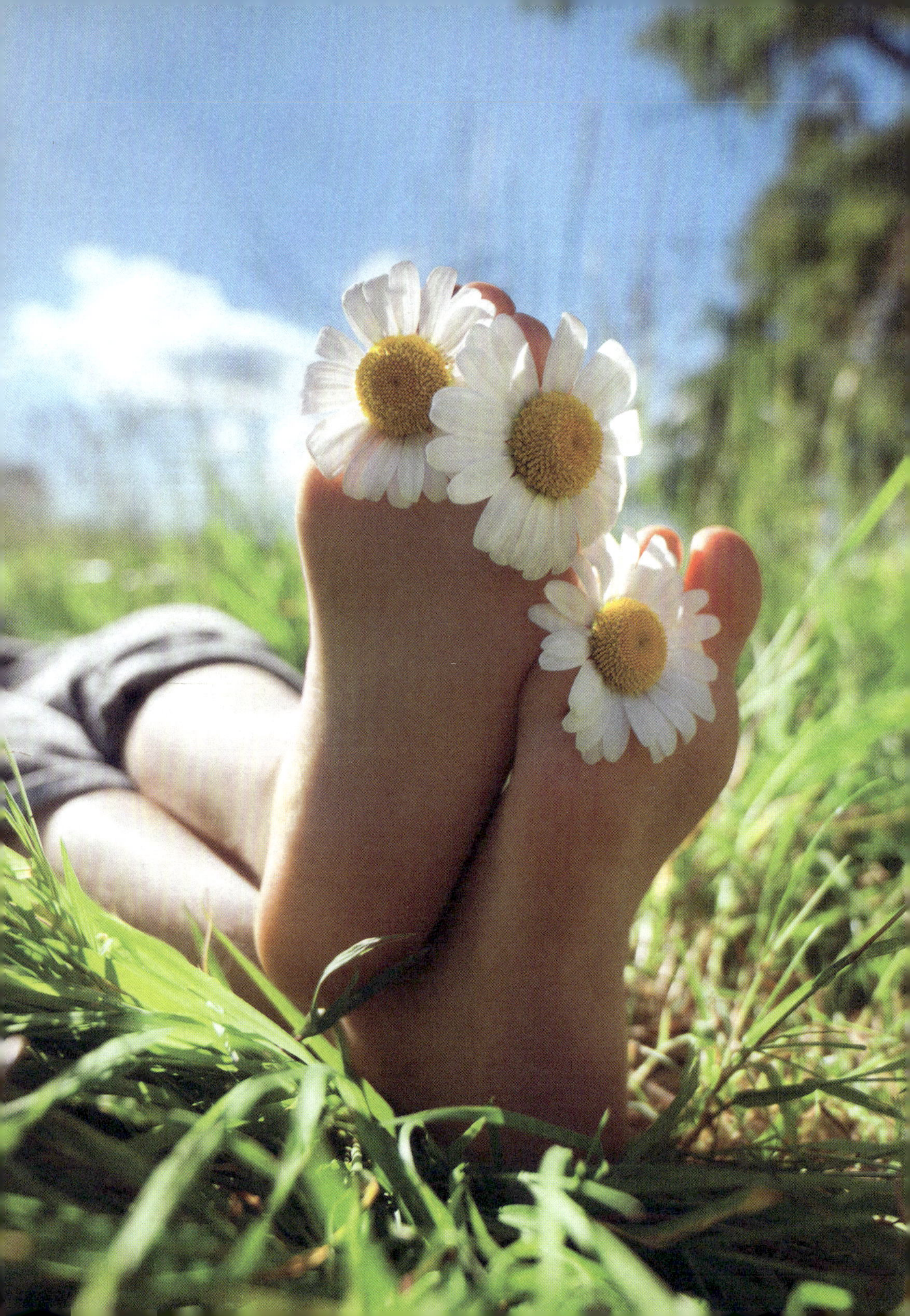

Kapitel 03

Entspannung

Stress kann uns also beflügeln oder zur Krankheit führen. Kurzfristiger Eustress ist positiv. Aber der ständige Dysstress, der uns belastet und krank macht, muss abgebaut werden. Das ist einerseits durch eine Verhaltensänderung möglich. Ein Stresstagebuch verdeutlicht in kurzer Zeit, welche Situationen uns in einen gestressten Zustand versetzen.

Manche dieser Situationen lassen sich vermeiden – aber nicht alle. Und dann ist Entspannung angesagt. Wenn wir Belastungen erkennen und wissen, woher der Stress stammt, können wir ihn auch bekämpfen. Wir alle müssen lernen, mit Stress besser umzugehen. Wer das lernt, sich erholt und entspannt, tut sich und seiner Gesundheit etwas wirklich Gutes.

„Was ohne Ruhepausen geschieht, ist nicht von Dauer."
Ovid (Publius Ovidius Naso)

Gesund bleiben oder werden und Wohlbefinden finden heißt: Stressoren erkennen und entspannen können!
Natürlich hat jeder Mensch auf diesem Planeten irgendwann einmal Dysstress. Ein stressfreies Leben ist nicht möglich. Stress begegnet uns im Privat- und Berufsleben. Und natürlich haben auch Kinder, Haustiere und Senioren Stress. Stress ist ubiquitär – kommt also überall vor. Beugen Sie dauerhaftem Dysstress vor. Eine gesunde Ernährungs- und Lebensweise und die Unterstützung durch medizinisch relevante Probiotika helfen dabei. Doch lassen Sie uns ein wenig später darüber sprechen. Grundvoraussetzung ist: Es kann nicht sein, dass Sie sich keine Entspannung gönnen! Entspannung ist hinsichtlich ihrer Wirksamkeit medizinisch bestens durch Studien überprüft. Probieren Sie es einmal aus und bauen Sie Meditation in Ihren Tagesablauf ein.

Zwei kleine Meditationen

Wir möchten Ihnen in diesem Buch nicht nur die theoretischen Hintergründe vermitteln, mit denen Sie Ihr Wohlbefinden fördern können. Wir erläutern Ihnen auch konkrete und alltagstaugliche Übungen. Beginnen wir mit zwei kleinen Meditationen für mehr Entspannung und Wohlbefinden. Versuchen Sie eine oder beide und entscheiden Sie selbst, welche davon Sie ab heute täglich in Ihr Leben integrieren. Und denken Sie daran: Mehr Entspannung bedeutet mehr Wohlbefinden und mehr Gesundheit. Und wenn Sie mit Ihrem Gewicht nicht zufrieden sind, können Sie sogar durch Meditation leichter abnehmen. Meditation reduziert Stress und damit wird auch weniger Cortison produziert. Cortison bekämpft nicht nur Entzündungen. Cortison macht auch dick und erschwert somit jede Gewichtsreduktion.

Die Atem-Meditation

Diese Form der Meditation können Sie fast überall durchführen – im Sessel, im Büro, im Bus oder im Wartezimmer. Setzen Sie sich aufrecht hin, der Rücken sollte gerade sein, die Füße stehen nebeneinander fest auf dem Boden, Ihre Hände liegen locker in Ihrem Schoß. Wenn Sie möchten, können Sie Ihre Augen schließen. Nun beobachten Sie Ihre Atmung: die Luft, die in Ihre Nase strömt, der Bauch, der sich sanft bewegt. Beobachten Sie nur, greifen Sie nicht ein, verändern Sie nichts. Wenn Sie sich ruhig fühlen, atmen Sie bewusst langsam durch die Nase ein, zählen Sie dabei bis fünf, dann halten Sie kurz inne und atmen anschließend bis fünf zählend durch den Mund aus. Atmen Sie dreimal auf diese Weise. Anschließend beobachten Sie Ihre Atmung wieder. Wenn Sie sich entspannt fühlen, atmen Sie bewusst besonders tief ein, kneten Ihre Finger, bewegen Ihre Füße und sind wieder wach. Öffnen Sie Ihre Augen. Die gesamte Meditation muss nicht länger als zehn oder 15 Minuten dauern.

Die Mantra-Meditation

Nehmen Sie sich für diese Meditation etwas mehr Zeit als für die Atem-Meditation. 20 bis 30 Minuten sind super. Achten Sie wieder auf eine aufrechte Haltung, den Rücken gerade halten, die Füße fest auf dem Boden und Ihre Hände locker in Ihrem Schoß. Schließen Sie, wenn Sie mögen, Ihre Augen. Beobachten Sie für wenige Minuten Ihre Atmung, um ganz ruhig zu werden. Nun lassen Sie vor Ihrem inneren Auge ein Wort oder einen Satz erscheinen, der wie ein Mantra eine positive Wirkung auf Sie hat. Das kann ein starkes Wort wie Liebe, Ruhe, Kraft, Gelassenheit sein oder ein Satz, mit dem Sie etwas formulieren, das Sie in sich stärken wollen. Dieser Satz muss positiv und in der Gegenwart formuliert sein. Zum Beispiel: „Ich bin ganz ruhig", „Ich bin mutig" oder „Ich bin es mir wert". Sagen Sie nicht „Ich werde ruhig", oder „Ich habe keine Angst". Denn dann geschieht es auch irgendwann in der Zukunft oder in Ihnen entsteht das Bild von Angst. Beides wäre kontraproduktiv. Achten Sie daher immer auf eine positive, gegenwärtige Formulierung!

Lassen Sie immer wieder dieses Wort, diesen Satz in Ihnen entstehen und lauschen Sie dieser inneren Stimme. Nach 20 bis 30 Minuten atmen Sie bewusst ein paar Mal tief ein und aus, kneten Ihre Hände und bewegen Ihre Füße, öffnen wieder Ihre Augen. Beide Meditationen – Atmung und Mantra – lassen sich auch gut kombinieren.

Autogenes Training, progressive Muskelrelaxation wie auch Meditation haben enorm positive Auswirkungen auf unser Wohlergehen und unsere Gesundheit. Nur wenige andere Methoden – außer Schlaf – aktivieren den Parasympathikus so nachhaltig wie diese Praktiken. Darüber hinaus: Schreiben Sie Ihre Gedanken regelmäßig in ein Notizbuch. Glauben Sie uns, diese Gewohnheit bringt Ihnen unvergleichbar mehr Entspannung, als Ihnen jedes Posting Ihrer letzten Mahlzeit auf den Social-Media-Kanälen bringen kann. Daher gibt es die Ausrede

„Dafür habe ich keine Zeit!" nicht – weniger daddeln, mehr schreiben. Denn was aus Ihrem Kopf raus und auf Papier gebracht ist, das können Sie in eine Schublade legen. Es geht nicht verloren. Es muss Sie jetzt aber nicht mehr beschäftigen. So simpel es klingt – das ist eine der wichtigsten Erkenntnisse für Ihr zukünftiges Leben.

Sicher konnten Sie sich in der Schilderung des ein oder anderen psychischen Stressfaktors wiederfinden. Auch wenn sich diese Beeinträchtigungen individuell auf verschiedene Weise zeigen und jeder von uns wohl einen eigenen Umgang damit pflegt, gilt für alle eines: Auf Dauer sind sie hochgradig gesundheitsschädigend! Gerade bei Stressfaktoren dieser Kategorie neigen wir dazu, die Bedingungen hinzunehmen. Vielleicht weil wir denken, es gehe nicht anders, es sei ebenso. Oder weil wir uns selbst einreden oder uns einreden lassen, es liege einzig an unserer Schwäche, Trägheit oder Naivität. Die meisten der psychischen Stressfaktoren erkennen wir gar nicht als solche. Daher wissen wir auch nicht, dass wir etwas dagegen tun können und müssen, um unsere Gesundheit nicht ernsthaft zu gefährden. Körperliche und äußere Stressbedingungen, zu denen wir an späterer Stelle noch kommen, erkennen wir leichter und schneller. Und wir sind eher bereit, sie zu unseren Gunsten – oder genau genommen zugunsten des Parasympathikus – zu verändern. Bei körperlichen Belastungen nehmen wir Folgen wahr und suchen im besten Fall aktiv nach Entlastung und Unterstützung, indem wir zu einem Arzt gehen oder uns eine andere Art von Hilfe in Fitnesscentern, Sportvereinen oder bei einer Ernährungsberatung suchen. Selbst wenn uns Folgen von psychischem Stress auffallen, neigen wir dazu, Bedingungen und Verhaltensweisen nicht zu ändern und uns stattdessen beim Arzt ein Medikament gegen das Unwohlsein oder die Erschöpfung verschreiben zu lassen. So funktionieren wir erstmal wieder. Und auch für unser privates wie berufliches Umfeld sind wir wieder weniger anstrengend und belastend.

Oder wir nehmen uns ein paar Tage Urlaub oder lassen uns für eine Woche krankschreiben – anschließend geht es weiter. In diesen Tagen der Pause haben wir uns jedoch kaum wirklich entspannt, geschweige denn erholt. Vielleicht haben wir sogar lange Liegengebliebenes aufgearbeitet, unsere Reise war anstrengend. Im Urlaub haben wir uns über viele Mängel geärgert und richtiges Abschalten war nicht möglich. Unser Handy war weiterhin eingeschaltet und in den beruflichen oder familiären WhatsApp-Gruppen haben wir weiterhin alles registriert, was zu Hause wieder auf uns wartet oder warten würde. Das kann weder Dauerlösung noch Entspannung sein!

An die Ursachen von negativem Stress gehen wir nicht ran. Vielleicht weil wir sie nicht als solche erkennen oder vielleicht weil wir uns nicht trauen, etwas zu verändern. Doch ändern wir an den Ursachen nichts, wird sich mittel- und langfristig nichts an der Gesamtheit unseres Wohlbefindens ändern können. Wir werden immer wieder an der gleichen Stelle landen und stolpern. Dabei sind keine großen artistischen Klimmzüge vonnöten, um in der Kategorie der psychischen Belastungen für Abhilfe und Entlastung zu sorgen. Als erste Entscheidung müssen wir nicht unser gesamtes Leben auf den Kopf stellen. Es reichen oftmals bereits wenige kleine Veränderungen, um die ersten Schritte der Optimierung zu machen.

Unabhängig davon, was genau Sie stresst oder in welcher Situation Sie sich befinden: Ändern können nur Sie es. Sie müssen nichts auf Dauer aus- oder durchhalten, was Ihre Gesundheit und Ihr Wohlbefinden gefährdet oder gar ruiniert. Solange Sie aber funktionieren, wird niemand auf Sie zukommen und Ihnen Lob für eine Veränderung erteilen, zumindest niemand, der von Ihrem Funktionieren und Stillhalten profitiert. Wenn Sie so viel und so hervorragend arbeiten, Sie dabei allerdings ständig erschöpft sind und Ihr Immunsystem bereits Alarm schlägt, wird Ihr Chef bestimmt nicht auf die Idee kommen, Ihre

Stundenanzahl bei gleichem Gehalt zu reduzieren. Oder wenn Sie in Ihrer Familie Manager von allem und jedem sind und diese Aufgabe mit Bravour erfüllen, wird Ihr Partner wohl kaum hinter seinem PC oder vom Sofa aufstehen und Ihnen die Arbeit abnehmen. Im Zweifel wird er Ihnen noch empfehlen, es doch einfach bleiben zu lassen und Ihnen damit signalisieren, dass Ihre Aufgaben nicht wichtig sind.

Änderungen herbeiführen, das können nur Sie. Denn auch nur Sie können wirklich spüren, wie es Ihnen geht. Beobachten Sie sich: Sind Sie seit 14 Tagen oder schon länger ständig erschöpft und könnten bereits am frühen Abend einschlafen? Sind Sie gereizt und geraten bereits bei kleinen Anlässen in Rage, Hektik und haben Wutausbrüche? Ist Ihnen ständig zum Heulen zumute? Vernachlässigen Sie Ihre Hobbies? Wann haben Sie zuletzt etwas Gutes für sich getan – ein entspannendes Bad, eine Massage, ein langer Spaziergang oder ein Besuch im Schwimmbad? Sie können sich nicht mehr erinnern?

Es geht nicht darum, bei jedem Aufkommen von Stress sofort alles stehen und liegen zu lassen. Sicher können wir viel aushalten. Denken Sie aber an den Streich, den uns unser Gehirn spielt: Wenn es kein Ende sieht, macht es eine Unendlichkeit daraus und lässt uns glauben und fühlen, dieser Zustand sei für immer. Wenn Sie keinen Nutzen oder keine zeitlich überschaubare Begrenzung von Ihrem Einsatz haben, wird Sie das auf Dauer auslaugen.

Sollten Sie also zum Beispiel gerade an einem Projekt arbeiten, das in drei Wochen eingereicht und damit abgeschlossen ist, werden Sie es mit Blick auf Ihr Ziel durchhalten. Anschließend lassen sich natürlich auch Entspannung und Entlastung in Ihren Alltag integrieren.

Was also können Sie tun, wenn Sie bei sich Anzeichen von Stress wahrnehmen? Und denken Sie daran: Zu warten, bis es von alleine wieder gut oder anders wird, ist keine Option! Das ist in den seltensten Lebenslagen der Fall. Sie dürfen aktiv werden und für sich und Ihre

Gesundheit gezielt und bewusst Zeichen und Handlungen setzen.

Es gibt viele kleinere und größere Stellschrauben in Ihrem Alltag, an denen Sie drehen können, um für Entlastung und Erholung zu sorgen. Bei den allermeisten dieser Stellschrauben müssen Sie sich weder verbiegen, noch ein neuer Mensch werden. Es reicht einfach, dass Sie sich zunächst für eine Verhaltensveränderung entscheiden, die Ihnen möglich erscheint, und diese ab heute konsequent 14 Tage lang praktizieren. Anschließend beobachten Sie sich und Ihren Alltag: Hat sich etwas positiv für Sie verändert? Fühlen Sie sich besser? Braucht es eine weitere oder eine andere Veränderung? Dann los, verändern Sie erneut etwas in Ihrem Leben! Sie werden jedoch merken: Allein, dass Sie sich entscheiden, etwas für sich und Ihr Wohlergehen zu tun, allein, dass Sie aus Ihrem passiven „Ich-warte-mal-bis-es-besser-wird-Modus" heraustreten und in die Handlung gehen, wird schon vieles verändern. Entspannung hat so viel mehr zu bieten als bloß ein großes Kissen, auf dem man sitzen und meditieren soll. Durch viele kleinere und größere Umgestaltungen, neue Gewohnheiten und neue Rituale wird der Alltag „ent-spannt". Aber Achtung: Es wird auch Gegenwind kommen. Von den Menschen in Ihrem Umfeld nämlich, für die Ihr bisheriges Verhalten angenehm und von Vorteil war. Oder Kopfschütteln von Menschen, die in einer ähnlichen Situation wie Sie sind und sich nicht trauen, etwas zu verändern oder sich gegen eine Veränderung entschieden haben. Diese Menschen werden Ihnen ausführlich erklären, warum Ihr Vorhaben ganz sicher sowieso nicht funktionieren wird. Hier können Sie die erste wichtige Lektion lernen: „Nein" zu sagen. Vergessen Sie nicht: Es sind die Gedanken und Sorgen der anderen, nicht Ihre. Und die anderen sind erwachsen genug, selbst für sich zu sorgen. Gehen Sie voran und sorgen Sie gut für sich!

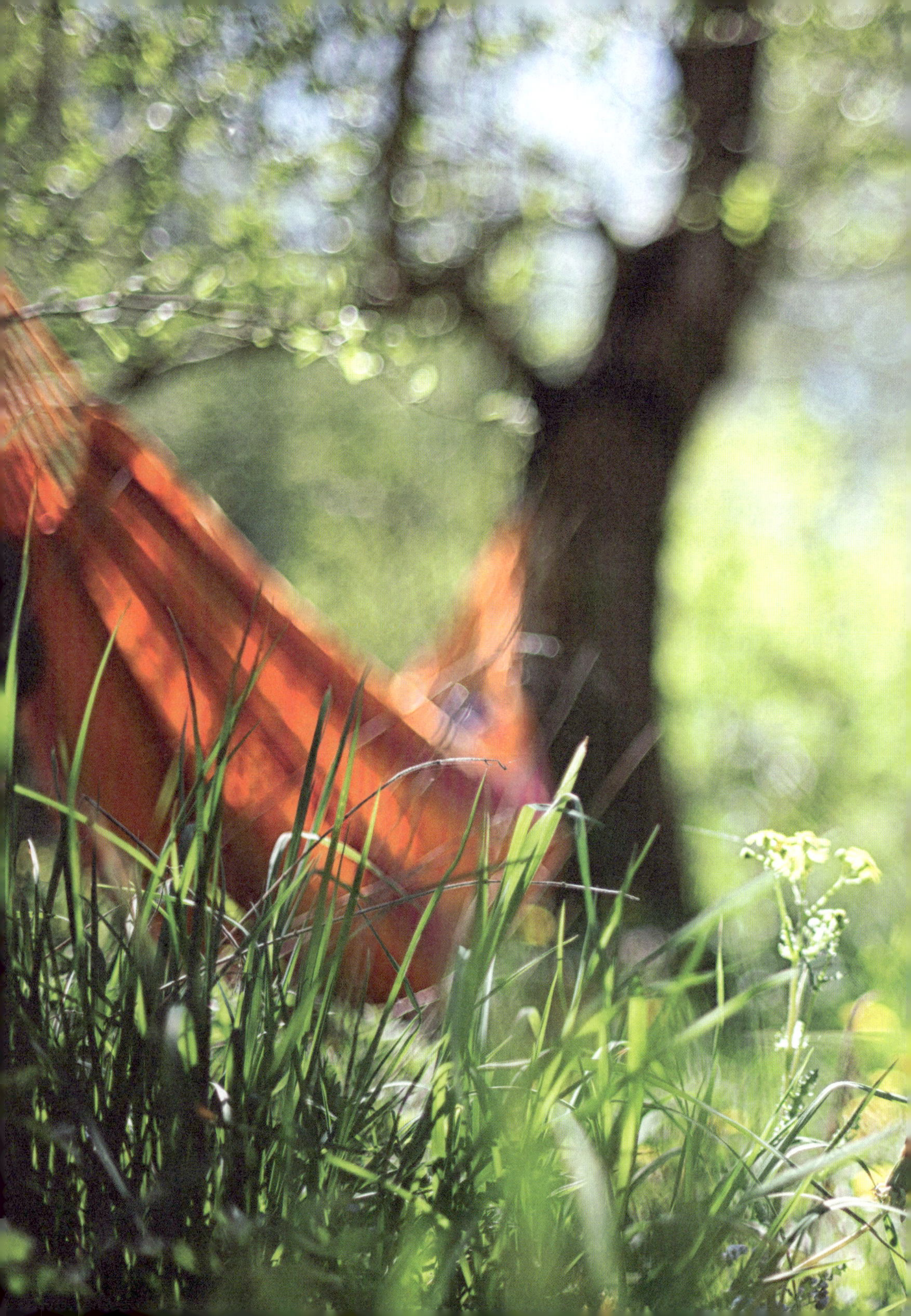

Kapitel 04

Erschöpfung

Ein Viertel der Bevölkerung in westlichen Industriestaaten wie Deutschland gibt an, chronisch erschöpft zu sein. Ärzte und Psychologen diagnostizieren heute bereits bei 0,5 Prozent der Bevölkerung in Deutschland ein chronisches Erschöpfungssyndrom (Burnout).

Die Begriffe Müdigkeit und Erschöpfung können jedoch nicht gleichgesetzt werden. Erschöpfung ist eine durch übermäßige körperliche oder mentale Anstrengung hervorgerufene Ermüdung. Burnout ist eine psychiatrische Erkrankung, die einer Depression ähnelt und ein schleichender Prozess ist.

> „Der Geist ist willig, aber das Fleisch ist schwach."
> Bibel

Burnout ist ein Prozess zunehmender psychischer und körperlicher Erschöpfung. Es ist eine Krankheit, die durch Psychiater, Psychotherapeuten und Psychologen behandelt wird – oftmals mit Medikamenten gegen Depressionen und mit einer Verhaltenstherapie. Burnout tritt insbesondere bei Menschen im Alter von 20 bis 50 Jahren auf. Frauen leiden häufiger an Burnout als Männer.

Körperliche Belastungen

Viele von uns – und es werden täglich mehr – fühlen sich nicht nur gestresst und psychisch, sondern auch körperlich belastet. Körperliche Belastungen sind nicht nur eine Folge von Stress, sondern können diesen auch verursachen. Der „Vorteil" dieser Stresskategorie im Gegensatz zum mentalen Stress ist: Wir spüren ihn schneller, oft stärker und können ihn nur schwer wegdiskutieren. Leider finden wir auch für körperliche Stressfaktoren Ausreden, um die Ursachen nicht wahrnehmen zu müssen. Auf diese Weise dreht sich die Stressspirale weiter und die negativen Folgen nehmen zu. Leiden wir zum Beispiel unter Schlafmangel, behaupten wir gerne, wir könnten abends nicht regelmäßig früher ins Bett gehen. Leiden wir unter Fehlhaltungen, Rückenschmerzen oder Spannungskopfschmerzen, weisen wir gerne darauf hin, dass wir für Entspannung und Sport keine Zeit haben. Wir leiden also unter körperlichem Stress, ändern aber nichts an den tatsächlichen Ursachen. Stattdessen greifen wir zu Schmerzmitteln, Koffein oder anderen Betäubungsmöglichkeiten – wie etwa auch Alkohol.

Nachfolgende körperliche Stressfaktoren sind weit verbreitet: wenig oder nicht erholsamer Schlaf, mangelnde körperliche Aktivität, körperliche Fehlhaltungen sowie einseitige oder ungesunde Ernährungsgewohnheiten. Auch hier spielen – ähnlich wie bei den mentalen Faktoren – Dauer und Intensität von Stress eine große Rolle. Leben wir zwei Wochen oder länger unter diesen Bedingungen, stellen sich mehr und mehr gesundheitlich negative Folgen wie Schmerzen, ständige Müdigkeit, Reizbarkeit oder Niedergeschlagenheit ein. Werden wir nicht aufmerksam und sehen die Ursachen nicht, können die Symptome chronisch werden. Bei längerer Missachtung können sogar Schlaganfall, Herz-Kreislauf-Störungen bis hin zu Herzinfarkt, Diabetes, Depressionen und Angststörungen auftreten, um nur einige wenige Erkrankungen zu nennen, die aufgrund von körperlichen Stressbedingungen entstehen. Leider ist es nicht selten, dass wir bis zum Schluss und aufs Schlimmste warten, bevor wir aktiv werden, handeln und gegensteuern. Wir geben unsere Aufgaben in Familie und Beruf als Gründe dafür an, uns nicht angemessen um unseren körperlichen Zustand kümmern zu können. „Ich habe keine Zeit für Sport." „Meine Familie will Fast Food essen." „In meinem Beruf muss ich nun mal viel sitzen, das ist nicht zu ändern." „Mir schmeckt Gemüse nicht." „Ohne Cola, Butter, Pommes kann ich nicht leben." Und so weiter und so fort. All diese Aussagen sind problem- statt lösungsorientiert. Sie halten uns in unseren Gewohnheiten, die sich mehr und mehr schädlich auf unsere Gesundheit auswirken, fest. Dies nehmen wir wohl oder übel in Kauf – aus Bequemlichkeit oder Angst vor Veränderungen. Dieses Verhalten ist jedoch nicht nur fahrlässig, sondern auch hochgradig gefährlich für unsere Gesundheit! Oft muss unser Körper erst laut schreien, bevor wir reagieren. Nach einer Behandlung im Krankenhaus, wenn die Schmerzen uns ausbremsen, die Blutwerte Alarm schlagen oder die Konflikte aufgrund unserer Gereiztheit in der Familie und im Beruf immer mehr zunehmen – erst dann erlauben wir uns, hinzuschauen. Zu diesem Zeitpunkt der Stressentwicklung sind gesundheitsfördernde Gegenmaßnahmen meist viel zeitaufwendiger und langwieriger, um eine Besserung des Zustandes zu erreichen. Rechtzeitiges Eingreifen spart Zeit, Energie, Arztbesuche und nicht zuletzt Kosten.

Dem wichtigen Entspannungsthema „Schlaf" widmen wir im weiteren Verlauf ein eigenes Kapitel. Daher gehen wir hier nicht näher auf Maßnahmen zu diesem Stressfaktor ein. Für alle körperlichen Stressfaktoren gilt jedoch: Je zeitnäher Sie auf Symptome reagieren und aktiv eine Handlungsänderung herbeiführen, desto weniger aufwendig sind die Maßnahmen, desto einfacher können sich neue Angewohnheiten etablieren sowie festigen und desto weniger weitgreifend sind die Stressfolgen.

Sitzen Sie in Ihrem Alltag viel? Am PC, im Auto, auf dem Sofa? Studien zeigen, dass wir uns immer weniger bewegen. Unsere alltäglichen Wegstrecken legen wir zunehmend mit dem Auto zurück – auch wenn die Distanzen noch so kurz sind. Einkaufen, ins Büro „gehen", die Kinder abholen – alles geschieht mit dem Auto. Wenn Sie im Homeoffice arbeiten, war die größte Entfernung, die Sie heute zurückgelegt haben, vielleicht die von Ihrem Bett zum PC und vielleicht noch zur Kaffeemaschine in die Küche. Abgesehen von den Folgen des Autofahrens für unsere Umwelt wirkt sich diese bequeme Mobilität selbstverständlich auch auf unseren Körper negativ aus. Fitness und Kondition leiden, unsere Muskulatur schwindet, nicht zuletzt werden unsere Koordination und Beweglichkeit reduziert. Unsere körperlichen Funktionen schlafen ein – und wir mit ihnen. Wir werden träge und antriebslos. Körperliche Aktivität tut nicht nur unserem Körper gut. Auch mental werden wir mit der Bewegung aktiver. Vielleicht haben Sie schon einmal gelesen oder gehört, dass es während des Laufens zur Ausschüttung von Glückshormonen kommt.

Ja, es führt kein Weg daran vorbei: Wenn Sie sich aktiver fühlen wollen, dann müssen Sie es werden: aktiv! Sie müssen deswegen nicht heute noch mit dem Marathontraining beginnen. Übertreiben Sie es nicht direkt! Das ist nämlich auch ein häufiger Irrtum: Wenn wir dann endlich aktiv werden und unsere Sportschuhe aus dem Schrank holen, gehen wir gleich aufs Ganze und stecken uns zu hohe Ziele. Aber das ist weder sinnvoll noch nötig! Es reicht zunächst, die Aktivitäten im Alltag zu erhöhen. Nehmen Sie die Treppe statt den Aufzug oder die Rolltreppe, das Fahrrad statt das Auto. Gehen Sie häufiger zu Fuß, machen Sie einen Spaziergang, statt abends auf dem Sofa ins Smartphone zu starren. Bauen Sie in Ihren Alltag leichte sportliche Aktivitäten, wie etwa einen Besuch ins Schwimmbad, ein. Oder verabreden Sie sich mit Freunden zum Tennis oder Badminton. In Ihrer Nachbarschaft gibt es garantiert Sportvereine: Informieren Sie sich über das Angebot! Gibt es eine Lauf-, Fitness- oder Nordic Walking-Gruppe? Gemeinsam Sport zu treiben, macht nicht nur mehr Spaß, es hilft auch, den inneren Schweinehund zu besiegen und regelmäßig Bewegung zu machen. Und hören Sie damit auf, Ausreden zu finden. „Keine Zeit" gibt es nicht. Messen Sie einfach mal die Zeit, die Sie sinnlos mit Daddeln auf dem Sofa verbringen. Sogar wenn Sie diese Zeit nur halbieren, haben Sie ausreichend Zeit, um sich zu bewegen. Und wenn Sie keinen Babysitter für Ihre Kinder haben und daher keine Sportkurse wahrnehmen können, dann gibt es inzwischen zahlreiche Online-Angebote. In diesem Zusammenhang ist das Smartphone sinnvoll eingesetzt. Sich nicht zu bewegen, hat schwerwiegende Folgen für die Gesundheit. Und diese sollte Ihnen so viel wert sein, dass Sie das zunächst unangenehme Umstellen von Gewohnheiten in Kauf nehmen. Sie werden schnell merken: Wenn Sie sanft beginnen, danach Schritt für Schritt eine Steigerung wagen, wird Ihnen die Bewegung bald nicht nur gesundheitliche Verbesserungen einbringen, sondern auch Spaß machen!

Vielleicht gehören Sie zu denjenigen, die aufgrund von Bewegungsmangel bereits unter Fehlhaltungen und ihren Folgen leiden. Fehlhaltungen können schwerwiegende Gesundheitsschäden wie etwa chronische Schmerzen, Rückenleiden oder auch Migräne hervorrufen. Auch hier gilt: zeitnahes Handeln und kein weiteres Aufschieben! Und schon gar nicht, diese Zustände einfach hinnehmen und abwarten, bis von allein eine Verbesserung eintritt. Sollten Sie einer sitzenden Tätigkeit nachgehen, können Sie zum einen für Ausgleich sorgen, indem Sie in Ihrer Freizeit besonders auf ausreichende und angenehme Bewegung achten. Ein Tag auf dem Schreibtischstuhl, dann mit dem Auto nach Hause und weiter aufs Sofa – ein Tag ohne Bewegung zeitigt schädliche Folgen für Ihre Gesundheit. Sprechen Sie mit Ihrem Vorgesetzten. Viele Firmen bieten ihren Mitarbeitern inzwischen

Stehpulte, ergonomische Sitzmöbel und sogar Bewegungspausen an. Auch im Büro können Sie kleine sportliche Übungen, abgesehen vom regelmäßigen Aufstehen, umsetzen. Dieses Buch hilft Ihnen dabei, Ihr Leben in Richtung Wohlbefinden umzugestalten, Stress abzubauen, besser zu schlafen, sich besser zu konzentrieren und Ihre Gesundheit zu fördern. Neben Meditationen ist Bewegung natürlich auch wichtig für mehr Wohlbefinden und Gesundheit.

Kleine Übungen – nicht nur fürs Büro

Fürs Büro eignen sich Übungen mit einem Igelball sehr gut. Diesen gibt es in unterschiedlichen Größen, er lässt sich gut transportieren und im Sitzen am Schreibtisch unauffällig anwenden. Ziehen Sie Ihre Schuhe aus und legen den Ball unter Ihren linken oder rechten Fuß. Kneten Sie den Ball mit Ihrem Fuß, rollen den Fuß über den Ball. Nach drei Minuten wechseln Sie den Fuß. Sie können sich mit dem Igelball auch ans geöffnete Fenster stellen. Atmen Sie die frische Luft tief ein, während Sie mit Ihren Füßen abwechselnd auf dem Igelball stehen. Zur Unterstützung können Sie sich an der Fensterbank oder der Wand festhalten. Bevor Sie nach etwa einer Minute den Fuß wechseln, halten Sie kurz inne und spüren mal zu Ihrem Fuß hin, wie er sich jetzt anfühlt. Dann ist der andere Fuß dran. Setzen Sie sich auf die Kante Ihres Bürostuhls, sodass die Knie rechtwinklig gebeugt sind, die Füße fest auf dem Boden. Nun lehnen Sie sich zurück – ohne sich wirklich anzulehnen. Strecken Sie Ihre Arme gerade nach vorne und heben und senken Sie sie abwechselnd leicht. Diese Übung stärkt Ihre Bauchmuskulatur.

    Stellen Sie sich rückwärts an Ihren Schreibtisch und legen Sie Ihre Hände an die Schreibtischkante. Nun gehen Sie mit Ihren Ellbogen gerade nach hinten in die Beugung, die Knie geben ebenfalls nach, als ob Sie sich hinsetzen möchten. Stützen Sie sich dann wieder nach oben, die Schultern bleiben dabei gerade.

Kapitel 04 – Erschöpfung

67

Setzen Sie sich wieder auf die Kante Ihres Bürostuhls. Legen Sie den linken Fußknöchel auf Ihr rechtes Knie. Drücken Sie dann mit Ihrer linken Hand das linke Knie sanft runter und beugen Sie sich vor – der Rücken sollte dabei gerade sein. Halten Sie die Spannung. Und dann: Seitenwechsel.

Auch die Ernährung hat viel Einfluss auf unser Wohlbefinden und unsere Gesundheit und ist damit ein erheblicher Stress- oder Entspannungsfaktor. Eine einseitige oder ungesunde Ernährungsweise wirkt sich mittel- und langfristig erheblich negativ aus – nicht nur auf unsere körperliche Gesundheit, unser Wohlbefinden, auf die Figur und natürlich auf unsere Fitness, sondern auch auf unsere mentale Leistungsfähigkeit. Es gibt eine Vielzahl von Erkrankungen, die durch schlechte Ernährungsgewohnheiten begünstigt werden – dazu zählen Diabetes mellitus Typ 2, Schlaganfall und Herz-Kreislauf-Erkrankungen etc. Denken Sie an die am Beginn des Buches geschilderten Probleme der Darm-Hirn-Achse!

All das ist Stress. Glücklicherweise lassen sich Ernährungsgewohnheiten genauso verändern wie andere Angewohnheiten auch. Keine Sorge! Das hier ist keine Diätempfehlung oder die Anweisung, ab sofort alle Kalorien, die Sie essen, zu zählen. Im Gegenteil! Das ist nämlich sehr unentspannt und führt meist nur zu zusätzlichem Stress. Gesunde Ernährung ist so viel einfacher – und eigentlich wissen wir alle, wie es geht.

Wir leben in einem Land des Überflusses, wir haben von allem sehr viel. Zu jeder Tageszeit können wir überall einkaufen und alles erwerben, was wir haben wollen. Wir müssen nur lernen, für uns die richtigen Dinge auszuwählen. Auch hier ist eine Ausgewogenheit das Maß. Natürlich sollen Sie nicht auf Ihren Döner, Ihre Pizza oder Cola verzichten. Alles gut! Es kommt nur darauf an, was Sie am Pizza-Tag noch essen und was in einer gesamten Woche alles so auf Ihrem

Speiseplan steht. Gegen einen Fast-Food-Tag in der Woche ist nichts einzuwenden, schon gar nicht, wenn Sie an dem Tag noch mal eine Extrarunde mit dem Fahrrad drehen.

Übrigens neigen wir besonders dann zu ungesundem Essverhalten, wenn wir gestresst und müde sind. Das ungesunde Essen sorgt dann allerdings nicht gerade für Bekömmlichkeit und Wohlbefinden. Die Stressspirale dreht sich weiter. Entspannung ist daher grundsätzlich ganzheitlich zu verstehen. Wenn Sie etwas gegen Ihren mentalen Stress tun, wird es Ihnen auch leichter fallen, gut für Ihren Körper zu sorgen – und umgekehrt.

Uns – den Autoren – hilft bei unserer gesunden Ernährungsweise übrigens bereits das bewusste Einkaufen. Was wir nicht kaufen, „müssen" wir nicht essen. Sie kennen Ihre Essgewohnheiten am besten: Was könnten Sie nachts noch haufenweise in sich hineinfuttern, ohne tatsächlich Hunger zu haben? Was können Sie, obwohl Sie bereits satt sind, im Küchenschrank nicht ignorieren? Welcher Schokoriegel wandert in Ihren Mund, nur weil Sie gerade eine langweilige Aufgabe zu erledigen haben? Wenn Sie sich neue Essgewohnheiten aneignen wollen, sollten Sie Essfallen in den kommenden drei bis vier Wochen gar nicht erst einkaufen! Was Sie nicht zu Hause haben, kann nachts nicht nach Ihnen rufen – und dabei innere Kämpfe auslösen!

Und wenn Sie wissen, dass Sie abends mit Freunden zum Pizzaessen verabredet sind, dann planen Sie für den Rest des Tages entsprechende Lebensmittel und Rezepte ein, die Ihren Tagesbedarf in Balance bringen. Morgens zwei helle Brötchen mit Butter, Wurst und Käse, mittags in der Kantine Pommes und Currywurst, als Snack dann etwas Süßes und einen Latte Macchiato und abends die Pizza – diese Kombination kann auf Dauer nicht gesund sein!

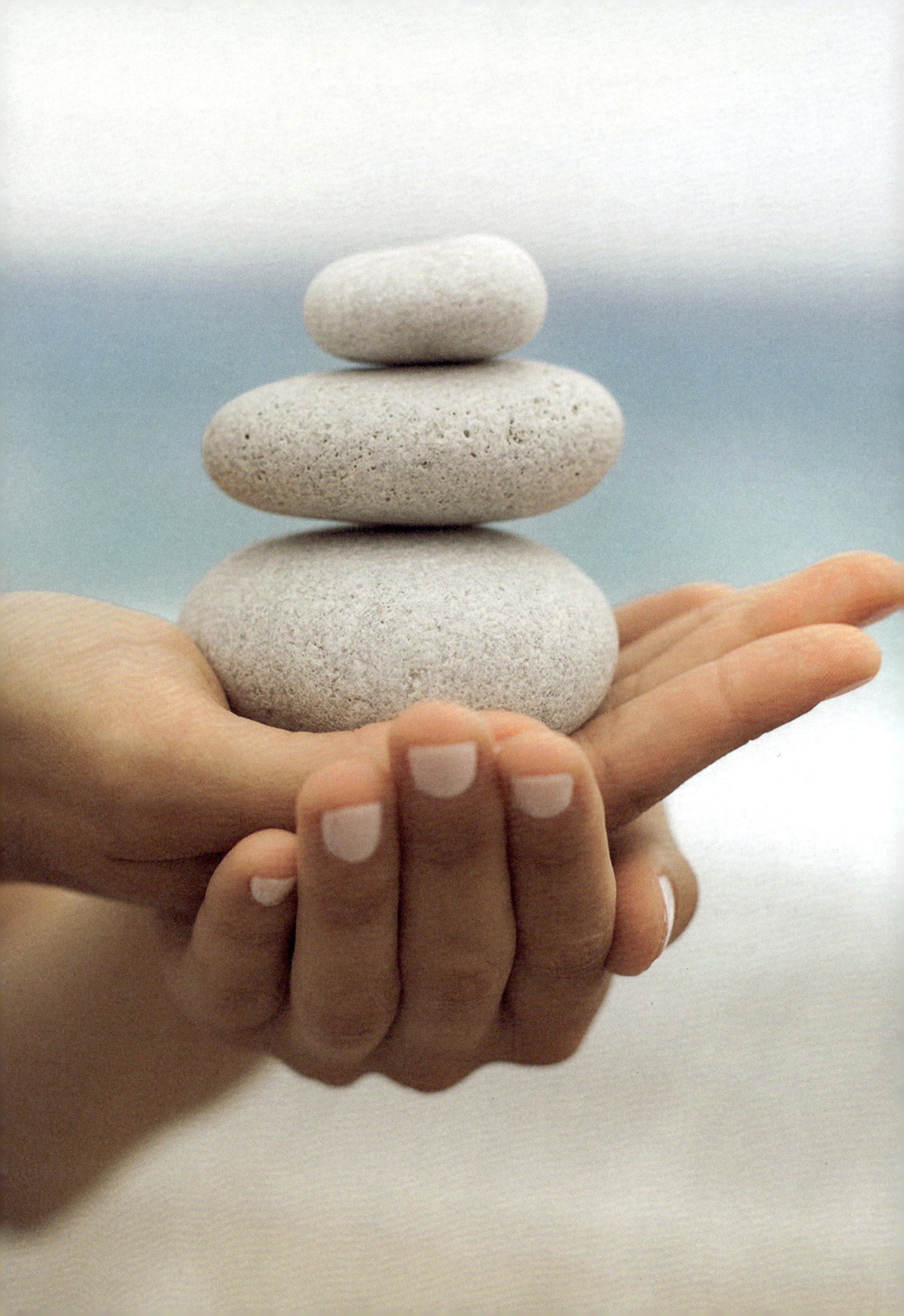

Kapitel 05

Konzentration

Entspannung wirkt sich positiv, Stress hingegen negativ auf unser Gehirn aus – und damit auch auf die Konzentrationsfähigkeit. Können Sie sich auch manchmal einfach nicht richtig konzentrieren? Konzentrationsstörungen kennt wohl jeder. Nicht nur Schüler, Auszubildende und Studenten in der Prüfungsphase. Was bedeutet eigentlich „Konzentration"?

Das Wort „Konzentration" stammt vom lateinischen Wort „concentra" ab und bedeutet „zusammen zum Mittelpunkt". In der Psychologie ist unter Konzentration die bewusste Fokussierung der Aufmerksamkeit auf ein Thema gemeint. Dieses Thema kann ein Ziel oder auch die Lösung einer Aufgabe sein. Konzentration heißt, dass die volle Aufmerksamkeit für eine längere Zeit auf eine Aufgabe, Person, Sache oder Tätigkeit gelenkt wird.

„Konzentration und Geduld weisen den Weg."
Aus dem Zen-Buddhismus

Konzentrationsstörung

Jeder Mensch kann sich mal nicht gut konzentrieren. Ist das schon eine Konzentrationsstörung? Nein, sicher nicht. Niemand kann sich immer sofort auf eine Sache, ein Thema oder eine Aufgabe fokussieren. Schon als Schüler stellt fast jeder fest, dass es manchmal während einer Prüfung einfach nicht gelingt. Das ist natürlich noch keine Konzentrationsstörung.

Unsere Konzentrationsfähigkeit ist zudem formabhängig und damit nicht jeden Tag gleich. Die Konzentration ist außenreizabhängig. Durch Müdigkeit fällt sie und durch Entspannungstechniken kann sie gesteigert werden. Alkohol reduziert die Konzentrationsfähigkeit massiv und Kaffee kann in bestimmten Mengen und bei manchen Menschen die Konzentrationsfähigkeit fördern.

Menschen, die dauerhaft unter einer Konzentrationsstörung leiden, sollten das mit ihrem behandelnden Arzt besprechen. Von Konzentrationsstörungen betroffene Menschen lassen sich leicht ablenken, es fällt ihnen schwer, zum eigentlichen Thema zurückzukehren. Oft unterscheiden Wissenschaftler zwischen Konzentrationsstörung und Konzentrationsschwäche.

Äußere Belastungen

Neben den mentalen und körperlichen Stressfaktoren gibt es eine Vielzahl äußerer Bedingungen, die uns unter Stress setzen und auf Dauer ungesunde Auswirkungen haben. Zu diesen äußeren Bedingungen zählt alles, was in unserem Umfeld existiert, was von außen geregelt wird und damit Fremdeinfluss auf uns hat. Und was nicht unmittelbar in unseren Händen liegt, um es ändern zu können. Änderungen in dieser Kategorie sind möglich, brauchen jedoch mehr Zeit, mehr Mut, mehr Selbstvertrauen und sind nicht selten konfliktbelasteter. Denn sie haben mit unseren Mitmenschen zu tun, die ihrerseits ebenfalls Bedürfnisse, Wünsche und Ziele verfolgen. Hier gilt es also, taktvoll, diszipliniert und achtsam aufeinander zuzugehen und gemeinsam an Lösungen zu arbeiten. Das Nachbarskind übt mit seinem Musikinstrument ein neues Stück und gleichzeitig wollen Sie nach dem Nachtdienst schlafen? Ihre Familie will am Wochenende einen Ausflug in den Freizeitpark unternehmen, Ihnen ist aber mehr nach Ausruhen am See? Ihre Stelle ist befristet und Sie wissen immer noch nicht, wie und ob es weitergeht? Sie geraten morgens auf dem Weg zur Arbeit in einen Stau und wissen, dass Sie es nicht mehr pünktlich schaffen können? Sie haben die Veranstaltung gut geplant, an alles gedacht und im letzten Moment sagt der Caterer ab? All das sind Beispiele für äußere Einflüsse, die Stress auslösen. Wichtig ist hierbei: Zunächst brauchen Sie eine Lösung, um unmittelbar auf den Stress zu reagieren und ihn mildern zu können. Wie Sie dabei immer sofort zu mehr Entspannung kommen, verraten wir Ihnen jetzt.

Entspannungstipps für den Notfall

Manchmal braucht man sofort Entspannung und Ruhe. Hier folgen ein paar Entspannungsmöglichkeiten, die Sie in einer unvorhergesehenen oder akuten Stresssituation sofort anwenden können. Denken Sie daran: Zunächst dürfen Sie ganz ruhig werden. Und erst dann in aller Ruhe nach Lösungen suchen, die die Situation direkt betreffen. Wenn Sie noch voller Adrenalin und aufgebracht sind, ist Ihr Gehirn im Überlebensmodus (Flucht oder Kampf). Und in so einer Lage finden Sie keine guten Lösungen, Sie geraten nur tiefer in Konflikte hinein. Der Ratschlag, „erstmal eine Nacht drüber zu schlafen", findet hier seine Daseinsberechtigung. Mit Abstand fällt es uns viel leichter, rational, diplomatisch und lösungsorientiert zu handeln. Der Gesprächspartner wird nicht mehr als Feind, sondern als Mensch mit eigenen berechtigten Bedürfnissen wahrgenommen. Das fördert eine gemeinsame Lösungsfindung bzw. macht diese überhaupt erst richtig möglich. Wenn Sie sich noch aufgebracht, in Rage oder Hektik fühlen, bitten Sie um Zeit: „Lass uns in Ruhe darüber sprechen." „Geben Sie mir ein paar Tage Zeit, um nachzudenken." Das sind wertvollere Antworten, als sich gegenseitig zu beschimpfen. Das Nervensystem wird auf diese Weise ebenfalls geschont. Sie können auch Ihre Atmung nutzen. Wir verraten Ihnen wie.

Atmung

Schließen Sie für einen Moment Ihre Augen und achten Sie auf Ihre Atmung: Luft strömt durch Ihre Nase ein, durch Ihren Mund aus. Ihr Bauch bewegt sich sanft im Rhythmus der Ein- und Ausatmung. Machen Sie so viele Atemzüge wie nötig, um wieder ganz ruhig zu werden.

Muskulatur

In Stressmomenten spannen wir unsere Muskulatur an und halten Muskeln fest, wo es nicht nötig, sondern anstrengend und belastend ist. Gehen Sie Schritt für Schritt Ihren Körper durch – fangen Sie bei Ihren Füßen an und enden in Ihrem Gesicht. Welche Muskeln sind überflüssig angespannt? Wippen Ihre Füße? Krallen Sie Ihre Zehen? Stehen Sie locker und entspannt? Wo befinden sich Ihre Schultern? Hängen sie wirklich locker und entspannt? Was ist mit Ihrem Gesicht? Spannen Sie Ihre Mundmuskulatur an? Spüren Sie hin und versuchen Sie, Ihre Muskeln immer mehr zu entspannen. Und noch ein bisschen mehr! Wenn Sie denken, jetzt ist alles entspannt, dann lassen Sie noch ein wenig mehr los!

Bilder

Haben Sie für stressige Situationen immer ein paar Bilder und Affirmationen parat, die Ihnen schnell helfen und Sie beruhigen? Sie können auch einen kleinen Stein, ein Taschentuch oder eine kleine Brosche in Ihrer Hosentasche mitnehmen und – wann immer Sie es brauchen – diesen Reminder berühren, der Sie an Ihr Bild oder Ihre Affirmation erinnert. Beruhigende Bilder können sein: Ein Bild aus Ihrem letzten Urlaub oder auf Ihrem Balkon. Oder ein Symbol, das für Sie Ruhe und Kraft bedeutet – vielleicht ein Herz, eine Taube oder ein Baum. Positive und beruhigende Affirmationen können zum Beispiel sein: „Ich bin ganz ruhig und entspannt." „Das Leben ist immer für mich." „Ich bin voller Vertrauen."

Stress im Alltag: mit kleinen Routinen davon lösen
Je nach aktueller Lebenssituation ist es das Maß an Zeit, das uns stresst. Manchmal haben wir zu viel davon – wenn wir arbeitslos sind zum Beispiel oder allein im Krankenhaus liegen. Dann dehnt sich die Zeit ins Unendliche aus. Wir werden müde, antriebslos, depressiv, gereizt. Nicht selten erscheinen wir anderen dann wie ein Pulverfass, das – nur kurz angetippt – explodiert. Durch den erlebten Stress – auch wenn alles nach außen entspannt erscheint – sind wir nicht gut dazu in der Lage, besonnen und reguliert zu handeln. Auch hier gilt nämlich dasselbe wie in jeder anderen Stresssituation auch: Unser vegetatives Nervensystem ist auf Überleben eingestellt. Flucht oder Kampf. Rationales, empathisches und freundliches Handeln gehört in dieser Lage nicht zum Verhaltensrepertoire.

Oder Sie haben zu wenig Zeit? Der moderne Klassiker. Zum Beispiel Eltern, die im eng getakteten Korsett zwischen Betreuungs- und Arbeitszeiten leben. Oder Studenten, die wenige Tage vor einer wichtigen Prüfung stehen. Oder in der Arbeit, wo mehrere Projekte, die auf Ihrem Schreibtisch landen, in einem sehr begrenzten Terminkalender erledigt werden müssen. Auch hier geschieht es wieder: Der Sympathikus des vegetativen Nervensystems ist aktiv. Wenn wir nicht regelmäßig für Entspannung und Entlastung sorgen, werden wir über kurz oder lang zum weinenden oder kämpfenden Wesen mutieren: Flucht oder Kampf. Wir geraten außer Balance. Der Parasympathikus hat keine Chance, das Ruder zu übernehmen und für Regeneration, fürs Auffüllen der Kraftreserven und für Erholung zu sorgen. Auch diese Situation ist auf Dauer ein absoluter Krankmacher. Ist das Ziel in Sicht – wie bei dem Studenten und seinen Prüfungen –, können Durchhalteparolen vielleicht noch etwas bringen. Gesund ist es dennoch nicht. Gerade in Zeiten, in denen ein hohes Arbeitstempo uns unter Druck setzt und wo wir enorm viel Kraft einsetzen, müssen wir für Ausgleich sorgen. Work-Life-Balance ist kein Modewort!

Was auch immer im Außen geschieht – wir sind nicht bloße Opfer. Die Situation, in der wir leben, gestalten wir selbst. Es ist weitaus weniger stressig, sich selbst aktiv zu erleben – als Gestalter des eigenen Alltags, anstatt ungeschützt und fremdbestimmt äußeren Einflüssen ausgeliefert zu sein. Werden Sie zum Gestalter Ihres Lebens!

Die Kinder sind in Betreuungseinrichtungen abgegeben, das Zeitfenster bis zum Arbeitsbeginn ist klein – und dann passiert es: Wir stehen im Stau. Werden Sie aktiv: Rufen Sie Ihren Vorgesetzten an, ohne auf seine Reaktion zu warten. Gehen Sie am Tag vor Ihrer Nachtschicht zum Nachbarn und bitten ihn höflich darum, am nächsten Tag die Musik leiser zu stellen. Bauen Sie in Ihren Tag, in Ihren Projektplan bewusst Zeitfenster ein, in denen Sie nichts tun. Im Notfall können diese Zeiten als Puffer dienen, wenn etwas Unvorhergesehenes dazwischenkommt. Oder Sie nutzen die Zeit tatsächlich für Ihre Entspannung.

Legen Sie sich einen Kalender an. Zum Beispiel einen Tischkalender, in dem Sie Ihre Woche im Überblick haben. Wählen Sie für Ihren Alltag verschiedene Kategorien – nicht zu viele, es soll ja keinen weiteren Stress verursachen. Kategorien könnten sein: Job, Familie, Hobbies/Freizeit, unaufschiebbare To-dos, Kinder (eigene Termine der Kinder). Dann geben Sie jeder Kategorie eine eigene Farbe. In dieser Farbe schreiben Sie die bevorstehenden Termine und Planungen in Ihren Kalender. Die nächsten zwei Wochen beobachten Sie nur: Welche Farbe überwiegt? Welche kommt wenig oder gar nicht vor? Versuchen Sie, die Farbe für Ihre Freizeit immer mehr auftauchen zu lassen: Planen Sie bewusst Entspannung und Schönes ein! Blocken Sie sich Nachmittage oder Abende, die nur Ihnen gehören! Und wenn es zumindest nur ein Stündchen ist. Gehen Sie in diesen Zeiten einem Hobby nach, mit Ihrem Hund spazieren, einkaufen, ein Eis essen oder legen Sie sich einfach in die Badewanne. Wichtig: Werden Sie proaktiv! Warten Sie nicht, bis Sie verplant sind! Planen Sie selbst und kommunizieren Sie Ihren Plan selbstsicher, klar und wertschätzend.

In Zeiten von Patchwork-Familien und befristeten Jobs haben wir wenig Routine um uns. Es prasseln tagtäglich neue Reize auf uns ein. Es gibt viele Menschen, die ein Stück von uns, unserer Aufmerksamkeit und unserer Zeit in Anspruch nehmen wollen. All das ist purer Stress! Sorgen Sie daher gut für sich. Das ist nicht egoistisch, auch wenn das gerne – vor allem Frauen – unterstellt wird. Im Gegenteil: Sich im richtigen Moment ausreichend um sich selbst zu kümmern, hält nicht nur Sie, sondern das ganze System der Familie und des Jobs im Gleichgewicht. Geht es Ihnen gut, können Sie ganz anders agieren und gestalten. Warten Sie nicht, bis Ihnen das nicht mehr gelingt und Sie nur noch passiv und trübselig eine Aufgabe nach der nächsten abarbeiten. Denken Sie an die Farben im Tischkalender: Mindestens drei- bis viermal die Woche sollte die Farbe der Kategorie „Hobbies/Freizeit" erscheinen. Alles andere ist ungesund und wird auf Dauer nicht funktionieren. Nicht ohne erhebliche Gesundheitsblessuren und Konflikte. Und diese Kategorie ist nicht damit abgearbeitet, wenn sie abends als „Versacken auf dem Sofa" erscheint. Das ist keine Entspannung, keine Selbstfürsorge, was wir uns im Schlaf-Kapitel später noch genauer ansehen werden. Schlaf ist besonders wichtig für uns. Wir informieren Sie über aktuelle wissenschaftliche Erkenntnisse.

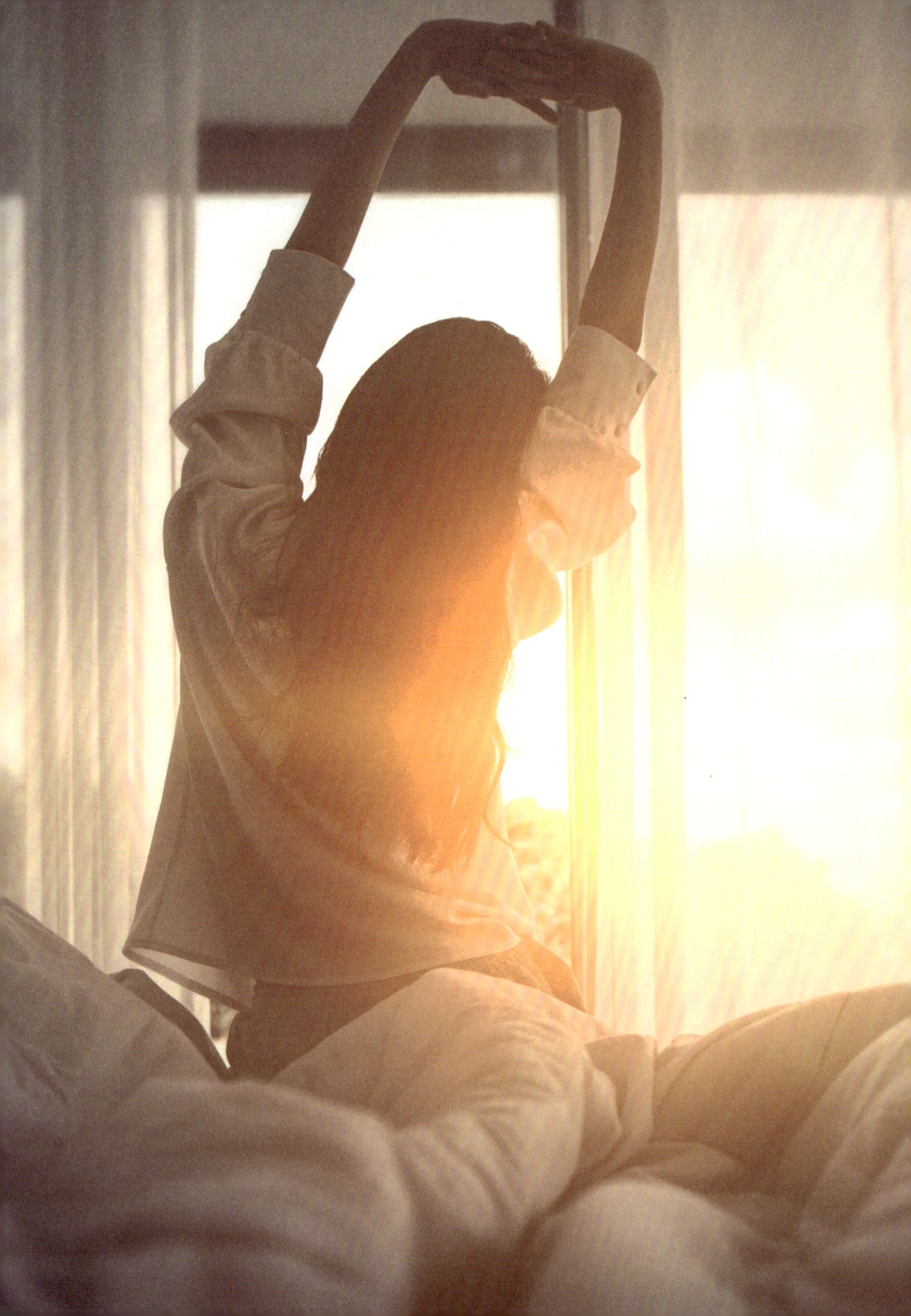

Kapitel 06

Schlaf

Schlafen ist schön und angenehm. Richtig? Schlafen ist nicht nur schön und wichtig, denn während des Schlafens regenerieren wir, sorgen dafür, dass wir am nächsten Tag besser abnehmen können, wenn wir es wollen – wir ruhen uns aus.

Einen guten Schlaf hat, wer leicht und rasch einschläft, während der Nacht nicht wieder vollständig wach wird, nicht zu früh und morgens natürlich erholt aufwacht. Um das zu erreichen, müssen wir eine gute Schlafhygiene haben, denn schlafen ist in der modernen Gesellschaft, im Zeitalter der Digitalisierung, gar nicht so einfach.

„Der Schlaf ist doch die köstlichste Erfindung."

Heinrich Heine

Probleme beim Einschlafen oder beim Durchschlafen zu haben, ist nicht normal. Zumindest nicht, wenn diese häufiger oder gar regelmäßig auftreten. Jeder Mensch hat einen individuellen Schlafbedarf. In jeder Lebensphase ist die Schlafqualität anders.

Babys und Kleinkinder benötigen mehr Schlaf als Erwachsene und diese mehr als Senioren. Mit dem Alter nimmt der Schlafbedarf ab. Kleine Kinder und Senioren haben einen leichten Schlaf – erwachen also öfter. Im Schlaf erleben wir bestimmte Phasen und die Dauer der Tiefschlafphasen verändert sich im Laufe des Lebens. Die meisten Menschen kommen mit einer Schlafdauer von sechs bis acht Stunden pro Nacht aus. Selten benötigt ein Mensch dauerhaft weniger als sechs Stunden und selten mehr als acht oder gar zehn Stunden Schlaf in der Nacht. Ältere Menschen benötigen zwar oft weniger Nachtschlaf, machen aber häufig tagsüber ein Nickerchen.

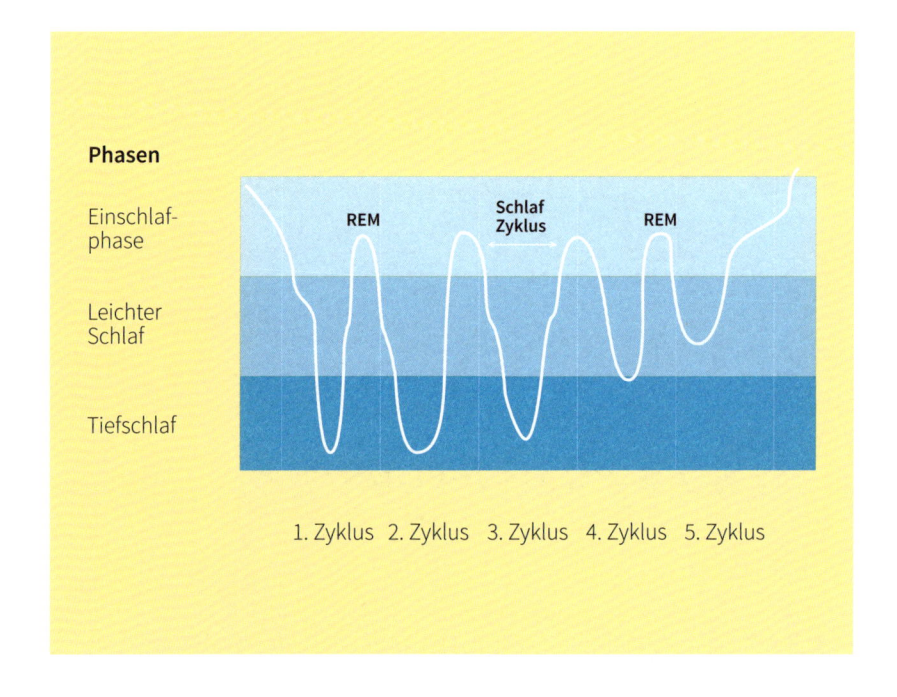

Abb. 4: *Leichter Schlaf, Tiefschlaf und REM-Schlaf wechseln sich ab.*

Schlafstörungen

Fast ein Drittel der Menschen in den Industrienationen hat Ein- und Durchschlafstörungen. Eine richtige medizinisch relevante Schlafstörung haben rund sechs bis zehn Prozent der Menschen in Deutschland. Schlafstörungen treten bei Frauen häufiger als bei Männern auf. Männer schlafen also besser. Eine Schlafstörung liegt vor, wenn Menschen Probleme beim Ein- oder Durchschlafen haben. Manche leiden auch unter beidem. Zudem empfinden Menschen mit Schlafstörungen tagsüber ein Gefühl der Müdigkeit. Insbesondere durch psychische Belastungen und/oder körperliche Erkrankungen haben praktisch alle von uns mal einige wenige Tage eine Schlafstörung. Wenn das Problem aber länger als drei Wochen anhält, ist es nicht harmlos. In diesen Fällen ist eine ausführliche Klärung der Ursachen notwendig. Schlafstörungen dürfen nicht verharmlost werden. Betroffene sollten ein Schlaftagebuch führen. Wer nicht ausreichend und qualitativ gut schläft, muss mit Beeinträchtigungen der Gesundheit rechnen. Diese reichen von einer Gewichtszunahme bis hin zu psychiatrischen Krankheiten wie Depressionen oder körperlichen Krankheiten wie Diabetes mellitus Typ 2 – die Blutzuckerregulation wird durch Schlafmangel deutlich erschwert. Zudem schwächt Schlafmangel das Immunsystem.

Müdigkeit

Die DEGAM-Leitlinie weist aus, dass 31 Prozent der erwachsenen Bevölkerung in Deutschland angeben, manchmal oder häufig unter Ermüdungserscheinungen zu leiden. Frauen sind häufiger betroffen als Männer und Senioren leiden besonders häufig unter Müdigkeit – hier geben 70 Prozent an, unter Müdigkeit zu leiden. Wie kann das sein? Was läuft da im Körper nicht rund?

Waren Sie heute am Morgen nach dem Aufstehen müde? Müdigkeit kann uns regelrecht lähmen und unser Leben erschweren.

Wer müde ist, kann nicht viel leisten. Können wir uns Müdigkeit in der Leistungsgesellschaft also überhaupt leisten? In jedem Fall ist Müdigkeit nur kurz vor dem Einschlafen angenehm.

Müdigkeit ist ein physiologischer und psychologischer Zustand verminderter Aufmerksamkeit sowie ein Zeichen von Kraft- und Antriebslosigkeit, oder weist auf deutlichen Kraftmangel und Antriebsarmut hin. Wer zu wenig oder ungesund schläft, wird müde. Vor dem Schlaf sind wir hoffentlich alle müde. Denn ohne Müdigkeit werden wir ohne pharmazeutische Hilfe nicht in den Schlaf finden. Auch Krankheiten können uns müde machen. Wenn der Körper oder die Seele krank sind, kann dies zu Müdigkeit führen. Ganz besonders deutlich zu erkennen ist die Müdigkeit der Männer nach dem Sex. Das kann wohl jeder Leser nachvollziehen. Der Mann, der nach dem Akt sofort oder recht schnell einschläft, zeigt, warum wir müde werden und schlafen. Männer sammeln auf diese Weise neue Energie. Welcher Mann kennt die kaum zu bändigende Müdigkeit nach dem Orgasmus nicht? Wissenschaftler bezeichnen die Müdigkeit nach dem Orgasmus auch als postkoitale Müdigkeit. Frauen sind nach dem Orgasmus in der Regel nicht müde. Im Gegenteil: Sie werden munter. Die normale Müdigkeit entsteht aus qualitativem oder quantitativem Schlafmangel. Wir alle werden also müde, wenn wir zu wenig oder schlecht schlafen – oder aufgrund einer Kombination aus beidem. Müdigkeit lässt sich auch als unüberwindbare Erschöpfung beschreiben. Unter normalen Umständen kann auf Müdigkeit niemand anders reagieren – oder eben nicht reagieren – als mit Einschlafen und Schlaf. Müdigkeit zeitigt in jedem Fall eine geringe Kapazität der physischen und mentalen Fähigkeit. Da fast alle von uns mehr oder weniger oft schlecht schlafen, möchten wir Ihnen auf den nächsten Seiten viele Informationen und praktische Tipps für eine optimale Schlafhygiene geben.

Schon gewusst?
Jede Nacht „kämpfen" viele Millionen Menschen, um den wichtigsten Faktor für Gesundheit und Wohlbefinden zu erreichen: einen erholsamen Schlaf. Leider bietet auch die moderne Schulmedizin immer nur die gleichen altbekannten pharmazeutischen Präparate an – und die haben viele Nebenwirkungen. Noch schlimmer: Viele davon machen süchtig. Wir verraten Ihnen bessere und gesündere Lösungswege für eine hervorragende Schlafqualität.

Schlaf und wie wir ihn beeinflussen

Schlaf ist die natürlichste, tiefste und somit eigentlich einfachste Entspannungsmethode für Körper, Geist und Seele. Im Schlaf kann der Organismus regenerieren, die Seele Erlebnisse verarbeiten und der Geist sich erholen. Und doch zeigen Studien, dass gut die Hälfte der Menschen unter Schlafproblemen leidet. Betroffene schlafen nicht ein, nicht durch oder unruhig und fühlen sich am nächsten Morgen weder gestärkt noch erholt, sondern sind gereizt und müde. Was verhindert einen gesunden Schlaf, wie können das Ein- und Durchschlafen besser gelingen und wie können wir Schlaf positiv beeinflussen? All das werden wir uns nun genauer ansehen.

Schlafen zählt zu den elementaren Grundbedürfnissen. Doch oft wird Schlaf nicht ausreichend ernst genommen. Erst wenn wir unter Mangel und seinen Folgen leiden, merken wir, wie wichtig Schlaf für uns und unsere Gesundheit eigentlich ist. Wir überschätzen uns und unsere Energie und bieten unserem Körper zu wenig Schlaf. Und dabei unterschätzen wir wiederum die Bedeutung, die gesunder und ausreichender Schlaf für unsere Gesundheit hat.

Bevor Sie also wegen Unruhezuständen, Herzrasen, schlechter Verdauung, Depressionen oder anderen Krankheitssymptomen von

Arzt zu Arzt rennen, Medikamente schlucken und Ihr Leben völlig auf den Kopf stellen, überprüfen Sie einmal kritisch Ihre Schlafgewohnheiten – und ändern Sie diese gegebenenfalls. Denn Schlaf hat auf all die genannten Dinge Einfluss.

Beginnen Sie bei dem, was Sie abends tun – also bevor Sie schlafen gehen. Denn auch das zählt zu den Schlafgewohnheiten und zu den Bedingungen, die Einfluss auf unseren Schlaf haben. Oft gehören das Fernsehen, das Scrollen durch den Newsfeed auf Social-Media-Plattformen oder das Surfen mit dem Smartphone zum abendlichen Programm. Nach erschütternden Nachrichten und spannenden Filmen, Informationsfluten und reizüberflutenden TikTok-Videos erwarten wir, schnell und friedlich in einen entspannten, erholsamen Schlaf zu gleiten. Wir legen das Handy zur Seite, schalten den Fernseher aus und gehen ohne großen Übergang ins Bett. Und erwarten unmittelbar einen gesunden, tiefen Schlaf. Das ist nicht möglich! Unser Puls ist erhöht, unser Geist wach und die Seele voller aufwühlender Bilder.

Oder wir arbeiten bis spät nachts und gehen vom Schreibtisch aus mit müdem, vollem Kopf direkt ins Bett. In uns geht bereits die Planung für den nächsten Tag los. Auch in dieser Situation ist der Geist aktiv und braucht Zeit, um ruhiger zu werden. Oder wir verlegen unsere sportlichen Aktivitäten auf den späten Abend – kein entspanntes Yoga-Workout, sondern Krafttraining oder das Training für den nächsten Stadtmarathon. Damit aktivieren wir unseren Körper auf höchste Leistung, anstatt ihn durch ein langsames Tempo ruhiger werden zu lassen und auf den Schlaf vorzubereiten. Wir brauchen die richtigen Hilfen in unserem Körper, um zur Ruhe kommen zu können!

Achten Sie daher in den nächsten 14 Tagen darauf, abends und mindestens eine Stunde bevor Sie schlafen gehen wollen, nichts Anstrengendes, Aufwühlendes oder Aktivierendes mehr zu tun. Das setzt natürlich Planung voraus. Legen Sie eine Uhrzeit fest, zu der Sie im

Bett liegen wollen. 22 Uhr oder 22.30 Uhr sind angenehme Zeiten, da wir dann noch genügend Stunden Zeit zum Schlafen haben, bevor am nächsten Morgen unser Wecker klingelt. Schalten Sie also eine Stunde, bevor Sie im Bett liegen wollen – in unserem Beispiel wäre das gegen 21 Uhr –, den Fernseher und den PC aus und legen Sie Ihre Arbeit beiseite. Auch leistungsorientierten Sport sollten Sie nicht für Zeiten kurz vor dem Zubettgehen planen. Essen Sie zwei bis drei Stunden, bevor Sie ins Bett gehen, nichts mehr, vor allem nichts Schweres oder Fettiges – dazu zählen auch die Chips vor dem Fernseher! Mit vollem Magen schläft es sich nicht gut, da der Körper aktiv und mit der Verdauung beschäftigt ist. Abends vor dem Fernseher einzuschlafen, ist ein Zeichen, dass Sie Schlaf brauchen und ins Bett gehen sollten. Quälen Sie sich nicht vor dem Fernseher. Sobald Sie merken, dass Sie müde werden, schalten Sie den Fernseher aus. Denn während einer laufenden Sendung zu schlafen, ist nicht erholsam. Sie bekommen dennoch vieles aus der Sendung mit, wachen immer wieder auf oder müssen Ihren Körper dann spät nachts wieder aktivieren, um ins Bett zu gehen. Das ist der Grund, warum (siehe das letzte Kapitel) das „Versacken auf dem Sofa" nicht zu Ihren Entspannungszeiten zählen kann. Denn es ist nicht erholsam. Oft fühlen wir uns anschließend besonders gerädert.

Am besten machen Sie abends in der Stunde vor dem Zubettgehen Dinge, die Sie entspannen, ruhig werden lassen und Ihren Körper und Geist auf den Schlaf einstellen und vorbereiten. Wenn Körper, Geist und Seele beruhigt und die „Motoren" gleichsam runtergefahren sind, finden Sie leichter in einen gesunden, erholsamen und tiefen Schlaf, da Sie schon vor dem Zubettgehen auf den Schlafmodus eingestellt sind. Vorbereitete Entspannung wirkt unvergleichbar mehr und ist nachhaltiger. Das gilt übrigens für jede Art der Entspannung. Auch ein Urlaub, der erst am zweiten oder dritten freien Tag beginnt, ist wirkungsvoller als ein Urlaub, in den wir uns noch abends an unserem letzten Arbeitstag stürzen. Erinnern Sie sich wieder an unser vegetatives Nervensystem: Wenn wir aktiv sind, ist es auch unser Sympathikus. Er treibt uns zu Leistung an, gibt uns Energie und verhilft uns zu Konzentration. Wenn wir uns unvorbereitet in Entspannung stürzen, hat der Parasympathikus keine Möglichkeit, die Arbeit zu übernehmen. Lassen Sie es uns etwas verkürzt ausdrücken: Bis die beiden Gegenspieler des vegetativen Nervensystems merken, dass sie die Rollen tauschen müssen, ist der Urlaub schon fast vorbei. Und genau das gilt auch für unseren Schlaf. Geben Sie dem Sympathikus die Möglichkeit, runter- und dem Parasympathikus Zeit, raufzufahren. Wenn Sie dann schlafen, ist diese Arbeit erledigt und der Parasympathikus kann aktiv sein.

Tätigkeiten und Beschäftigungen, die die Pulsfrequenz steigern, sind abends also nicht ratsam. Aktivitäten hingegen, die Sie mit Ruhe und Achtsamkeit ausführen, sind für den Abend gut geeignet. Sie signalisieren Ihrem Nervensystem damit: Jetzt ist es an der Zeit, ruhig zu werden und zu entspannen. Dazu zählen Tätigkeiten wie Handarbeiten, Malen oder Ähnliches. Oder nehmen Sie abends ein warmes Schaumbad, kochen Sie sich einen Kamillentee und trinken Sie ihn bei besinnlicher, sanfter Musik. Auch ein kurzer Spaziergang und das bewusste Einatmen von frischer Luft können hilfreich sein, den Organismus zu beruhigen. Oder machen Sie ein leichtes Yoga-Workout. Achten Sie jedoch darauf, dass dies nicht in sportliche Aktivität ausartet, sodass Sie angeregt und beschwingt werden. Heutzutage gibt es großartige Apps und Podcasts, die sanftes Einschlafen möglich machen. Sie können zwischen Gute-Nacht-Geschichten (auch für Erwachsene gibt es sie), sanfter Musik, Meditationen oder Naturgeräuschen wählen. Achten Sie darauf, dass das Online-Angebot frei von Werbung ist. Während des Einschlafens von Werbebotschaften suggestiv beeinflusst zu werden, kann den Schlaf nachhaltig stören.

Ähnlich verhält es sich, wenn Sie versuchen, beim laufenden Fernseher einzuschlafen. Um wirklich frisch, erholt und gestärkt in den nächsten Tag zu starten, braucht der menschliche Organismus acht bis zehn Stunden Schlaf. Testen Sie es! Schlafen Sie bewusst ausgiebig: Gehen Sie um 22 Uhr ins Bett und stehen um 6 Uhr oder 6.30 Uhr auf. Wie fühlen Sie sich, wenn Sie das zwei Wochen auf diese Weise getan haben?

Wir meinen oft, mit weniger Schlaf auszukommen beziehungsweise auskommen zu müssen. In stressigen Zeiten sparen wir oft beim Schlaf. Damit verringern wir genau das, was wir am meisten brauchen: Entspannung. Sicher geht das irgendwie. Und natürlich schaffen wir es aus dem Bett, wenn der Wecker morgens laut klingelt und uns aus dem Schlaf reißt. Es bleibt uns oft auch nichts anderes übrig. Schließlich werden wir im Büro erwartet, müssen vorher unsere Kinder mit Frühstück versorgen und zur Kita (Kindertagesstätte) bringen, vielleicht vorher sogar noch mit dem Hund Gassi gehen. Aber spätestens am Mittwoch oder Donnerstag, wenn der Wecker regelmäßig nach sechs Stunden Schlaf geklingelt hat, werden wir tagsüber schnell müde und unkonzentriert. Wir merken gar nicht mehr, wie kaputt und schläfrig wir uns tagsüber fühlen, weil wir weiter unsere Leistung abrufen – unser Sympathikus läuft auf Hochtouren. Wir sind – unabhängig von dem ganz natürlichen Mittagstief, das zwischen 14 und 17 Uhr auftritt – müde und unsere Augen sind schwer. Wir sehnen uns nach Schlaf. Dass wir in diesem Zustand unserer Arbeit nachgehen, wichtige Entscheidungen treffen, Auto fahren, unsere Kinder betreuen, ist fast fahrlässig. Daher ist es wichtig und unentbehrlich, acht bis zehn Stunden zu schlafen. Wenn Sie darauf zwei bis drei Wochen achten, werden Sie merken, wie ausgeruht, frisch und fit Sie sich tagsüber fühlen und wie viel angenehmer Ihre Arbeit sich anfühlt.

Sie können zusätzlich eine Entspannungsmethode, wie das bereits erwähnte autogene Training, erlernen. Dies dient natürlich nicht als Schlafersatz und sollte demnach auch nicht stattdessen eingesetzt werden. Es ist nicht dazu da, noch besser zu funktionieren, noch länger zu arbeiten und noch weniger schlafen zu müssen. Vielmehr ist es zum Beispiel für Schichtarbeiter, Menschen in Bereitschaft und für Eltern, die ein Baby versorgen, eine wunderbare Ergänzung zum eigentlichen Schlaf. Es ist eine Möglichkeit, trotz unphysiologischem Rhythmus tiefe Ruhe und Entspannung zu finden.

Zusätzlich gibt es kleine Tipps und Tricks, wie Sie zu mehr erholsamem Schlaf gelangen können. Bringen Sie Lavendel-, Kamillen- oder Sandelholzduft in Ihr Schlafzimmer – in Form von Lavendelblüten oder Duftölen zum Beispiel. Diese Düfte haben eine beruhigende Wirkung. Gerade bei warmen Temperaturen sollten Sie auf gute Luft in Ihrem Schlafzimmer achten. Wenn Sie aufgrund einer Allergie nicht bei offenem Fenster schlafen können, lüften Sie Ihr Schlafzimmer, bevor Sie ins Bett gehen. Nehmen Sie eine leichte Decke, eine Daunendecke ist nur im Winter geeignet. Probieren Sie die genannten Methoden aus. Bestimmt ist etwas dabei, das Ihren gesunden und erholsamen Schlaf unterstützt. Und seien Sie egoistischer in Bezug auf Ihren Schlaf! Im Zusammenhang mit Entspannung ist das völlig gerechtfertigt! Es gibt nur eine gesunde Selbstfürsorge – für die Sie auch selbst verantwortlich sind. Wenn Sie abends gerne um 22 Uhr im Bett liegen wollen, um noch eine halbe Stunde zu lesen oder einen Tee zu trinken, dann tun Sie das! Lassen Sie sich nicht davon abbringen! Niemand kann von Ihnen zu dieser Uhrzeit noch ernsthafte Reaktionen auf WhatsApp- oder andere Nachrichten erwarten. Und wenn Ihr Partner noch unbedingt einen Film zu Ende sehen oder am PC arbeiten will, so ist es seine Entscheidung und seine Verantwortung für seinen Schlaf. Denn auch er hat die Verantwortung für seine eigene Selbstfürsorge. Übernehmen Sie die Ihre und gehen zu Bett. Achten Sie auf sich und Ihren eigenen gesunden Schlafrhythmus.

Im nächsten Kapitel informieren wir Sie, wie winzig kleine Lebewesen in unserem Darm Ihre Schlafqualität verbessern, Stress bekämpfen und für mehr individuelles Wohlbefinden sorgen.

Medizinisch relevante Probiotika für mehr Wohlbefinden, bessere Schlafqualität und weniger Stress

Insbesondere in der heutigen Zeit, in der psychische und physische Erholung von fundamentaler Bedeutung sind, findet sich das Thema Schlaf in vielen Forschungsarbeiten wieder. Die zentrale Rolle des Schlafs für unsere Erholung, unser Wohlbefinden und unsere Gesundheit ist heutzutage bestens erforscht. Aber nicht nur deswegen ist eine gute Schlafqualität unerlässlich. Schlaf ist ein wichtiger Faktor für zahlreiche physiologische Vorgänge im Körper, unter anderem für das Wachstum neuronaler Zellen und die Bildung neuer Synapsen sowie für unsere Gedächtnisfunktion. Vergesslichkeit und Konzentrationsmangel können auf ein Schlafdefizit zurückzuführen sein. Und vergessen Sie nicht: Eine schlechte Schlafqualität fördert nicht nur die Gewichtszunahme und macht das Abnehmen schwerer, sondern führt auch zu Erkrankungen wie Diabetes mellitus Typ 2. Die Zusammensetzung des intestinalen Mikrobioms ist neuesten Studien zufolge zuständig für unsere Schlafqualität. Eine gezielte Veränderung des Darmmikrobioms durch medizinisch relevante Probiotika kann sich deshalb positiv auf die Schlafqualität auswirken. Der positive Effekt auf unsere Mikrobiota und die Darm-Hirn-Achse durch den Einsatz spezifischer medizinisch relevanter Probiotika wurde bereits in vielen klinischen Studien nachgewiesen. Speziell hinsichtlich der Schlafqualität hat der Einsatz von Probiotika bereits in großen wissenschaftlichen Untersuchungen positive Wirkungen gezeigt. Wissenschaftler stellen sich nämlich schon lange die Frage, welche Rolle die Darm-Hirn-Achse spielt, die wesentlich von der Zusammensetzung der Bakterienarten und ihrer Vielfalt im Darm abhängig ist. Auch eine aktuelle Situationsanalyse (die StressRest-Analyse[1]) widmet sich dem Themenkomplex Wohlbefinden, Stress, Schlaf und Gesundheit und erforscht, inwieweit diese Themen durch unsere Darmbakterien beeinflussbar sind.

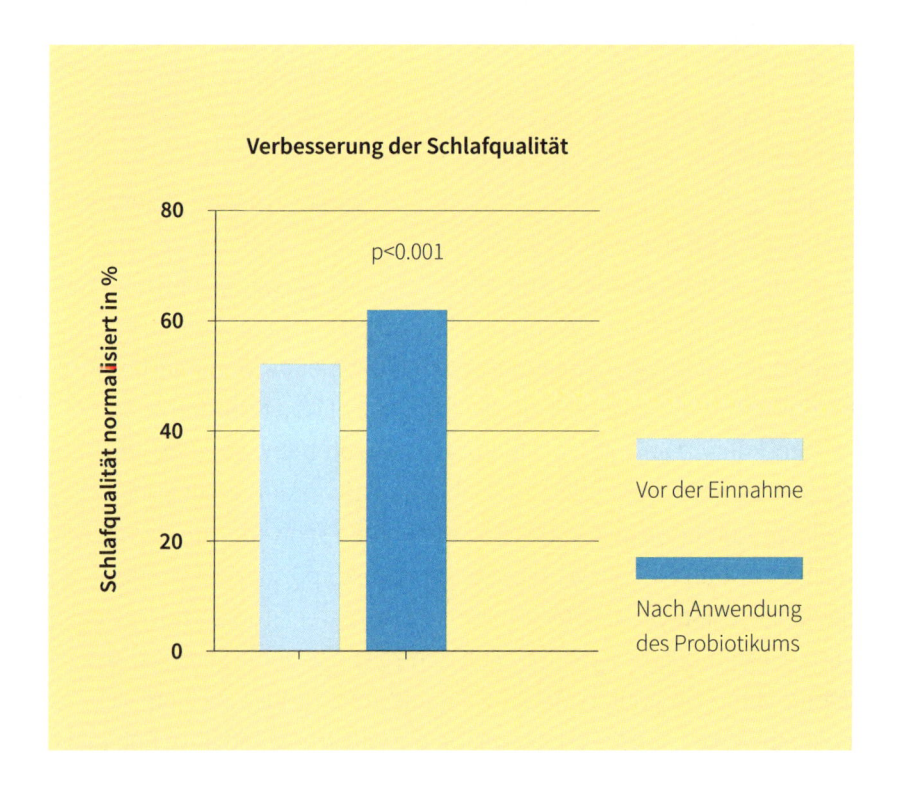

Abb. 5: *Die Teilnehmer der Stress-Rest Analyse zeigten nach der zweiwöchigen Einnahme des Probiotikums eine hochsignifikante Verbesserung der Schlafqualität.*

---

[1] Frauwallner A. Der positive Effekt eines Multispezies-Probiotikums auf Stressresilienz und Schlafqualität. OM & Ernährung (2022) Nr. 179, pp F40-F46.

Die Analyse zeigt erstaunliche Effekte eines Multispezies-Probiotikums auf Stressresilienz, Konzentrationsfähigkeit, positive Emotionen und Schlafqualität bei Gesundheitspersonal während der COVID-19-Pandemie. Rund 10.000 Probanden haben die StressRest-Analyse vollständig abgeschlossen. Die Teilnehmer füllten sowohl vor als auch nach der zweiwöchigen Einnahme des medizinisch relevanten Probiotikums einen Fragebogen zu ihrem Befinden aus. Nach nur zwei Wochen wurde eine signifikante Erhöhung der Schlafqualität festgestellt. Zudem waren eindrucksvolle Verbesserungen der psychischen Gesundheit, der Vitalität, der Stressresistenz und der Leistungsfähigkeit nachweisbar.

Die Schlafqualität wird von mehreren Faktoren deutlich beeinflusst
Besonders interessant war nach Auswertung der beobachteten Effekte, dass die Steigerung der Schlafqualität umso größer war, je höher der anfängliche Stresslevel der Studienteilnehmer war und je problematischer die ursprüngliche Schlafqualität empfunden wurde. Zudem erlebten Probanden mit stärkeren anfänglichen Darmbeschwerden in der Zeit vor der StressRest-Analyse auch eine größere Steigerung der Schlafqualität. Besonders bemerkenswert ist hier selbstverständlich, dass das Probiotikum nur 14 Tage lang eingenommen werden musste, um diese Effekte für die Teilnehmer spürbar zu machen. In dieser Analyse ging es aber nicht nur um Schlaf. Es zeigten sich weitere Ergebnisse, die auf die Relevanz des Darmmikrobioms hinweisen.

Positive Effekte von medizinisch relevanten Probiotika auf verschiedene Aspekte der Lebensqualität
Nicht erst durch die COVID-19-Pandemie haben Depressionen, Ängste und Schlafstörungen auf der ganzen Welt deutlich zugenommen.

Die Menschen leiden, sorgen sich um die eigene Gesundheit und um die naher Angehöriger. Zukunftsängste, finanzielle Sorgen, Angst vor Einsamkeit und vor Jobverlust zählen derzeit in der westlichen Bevölkerung zu den häufigsten Ursachen psychischer Belastungen. Zunehmender Druck im beruflichen Alltag und auch im privaten Umfeld macht einen genauen Blick auf unsere Gesundheit, unser Wohlbefinden und das Gleichgewicht in unserem Körper notwendig. Mittlerweile weiß man, dass die Psyche deutlich durch das Darmmikrobiom beeinflusst wird. Somit rückt das Thema der Darm-Hirn-Achse als eigener Forschungsbereich der Mikrobiom-Wissenschaft immer mehr in den Vordergrund.

Die StressRest-Analyse hat die Wissenschaft überrascht. In der Untersuchung konnten die positiven Einflüsse eines medizinisch relevanten Probiotikums (bestehend aus *Lactobacillus casei* W56, *Lactobacillus acidophilus* W22, *Lactobacillus paracasei* W20, *Bifidobacterium lactis* W51, *Lactobacillus salivarius* W24, *Lactococcus lactis* W19, *Bifidobacterium lactis* W52, *Lactobacillus plantarum* W62 und *Bifidobacterium bifidum* W23) in Kombination mit B-Vitaminen auf zahlreiche psychische Belastungsparameter nachgewiesen werden.

Stress wirkt sich auf den Magen-Darm-Trakt aus. Das kann jeder nachvollziehen. Manche von uns reagieren auf Stress, den beispielsweise ein Zahnarztbesuch auslöst, mit Durchfall oder Verstopfung. Und vor Prüfungen haben viele von uns Bauchschmerzen. Hier stellte sich heraus, dass der zweiwöchige Einsatz des Multispezies-Probiotikums bei 73 Prozent der Teilnehmer zu einer klaren Verbesserung vorliegender Magen-Darm-Probleme führte.

Auch der Energielevel der Teilnehmenden wurde abgefragt: Fast doppelt so viele Teilnehmer fühlten sich durch die Probiotika-Einnahme zumeist voller Energie. Dreimal so viele Teilnehmer waren nach eigener Einschätzung durch die Probiotika-Anwendung praktisch nie mehr müde. Ähnliches wurde bei mentaler Erschöpfung und häufigen Entspannungsproblemen beobachtet. Besonders interessant: Es waren außer dem Probiotikum keinerlei neue pflanzliche oder chemische Medikamente im Einsatz. Der positive Wirkungseintritt kam lediglich durch die Arbeit der neu zugeführten kleinen Helfer im Darm zustande.

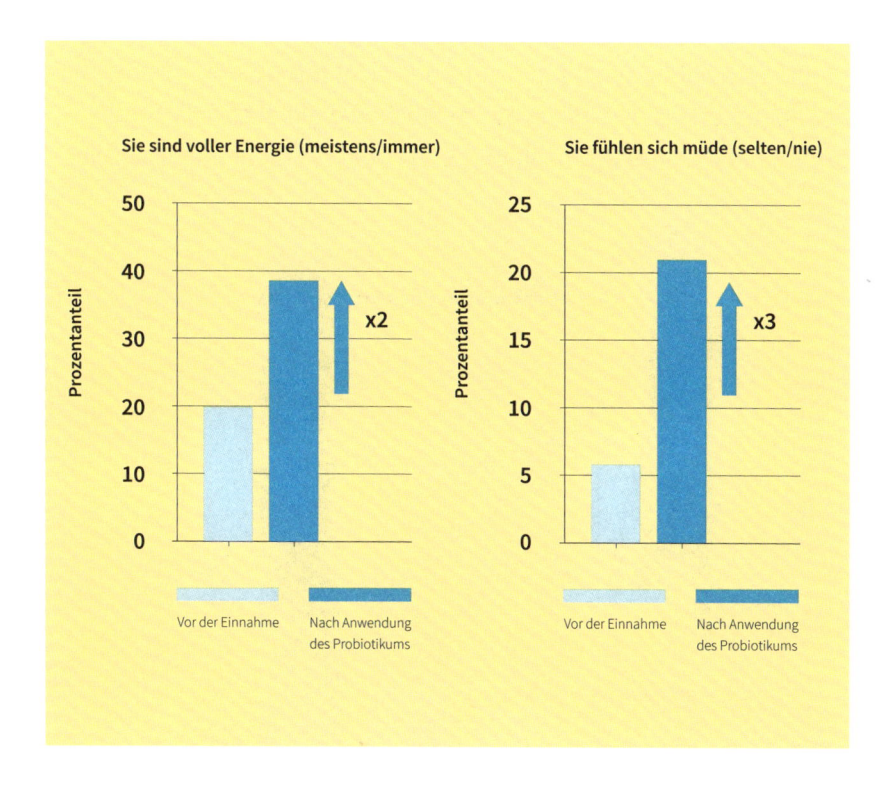

Abb. 6: *Nahezu doppelt so viele Teilnehmer fühlten sich nach der zweiwöchigen Einnahme des Probiotikums meistens oder immer voller Energie (links). Die Anzahl der Teilnehmer, die sich selten oder nie müde fühlte, konnte in diesem Zeitraum sogar mehr als verdreifacht werden (rechts).*

Die Probanden nahmen darüber hinaus auch eine Veränderung ihres momentanen Stresslevels wahr. Über 60 Prozent gaben nach zweiwöchiger Einnahme des Probiotikums an, einen verringerten Stresslevel zu erleben.

Sehr interessant gestaltete sich auch die Frage nach häufiger Müdigkeit. Wie bereits im ersten Teil des Buches beschrieben, ist diese bei überbordendem Stress ein täglicher Begleiter. Und siehe da – die probiotischen Bakterien scheinen einen eklatanten Einfluss darauf zu haben, sodass bereits nach zwei Wochen dreimal so viele Studienteilnehmer die Aussage machten, selten oder nie mehr müde zu sein.

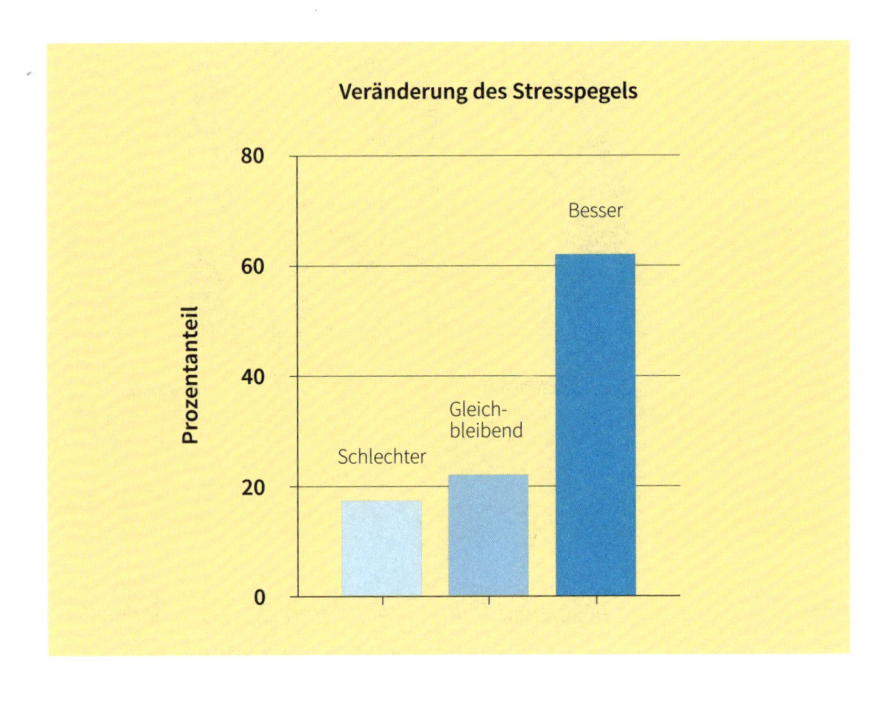

Abb. 7: *Nach der zweiwöchigen Einnahme des Probiotikums verspürten über 60 Prozent der Teilnehmer weniger Stress.*

Möglicherweise beruhte dies auf einer Vermehrung von Darmbewohnern wie Faecalibacterium prausnitzii, welche für die Energieproduktion im Darm aber auch im Gehirn zuständig sind. Denn sie ernähren u.a. auch unsere Mikroglia, die Fresszellen des Gehirns, welche alte abgestorbene Zellen phagozytieren, somit entfernen und eine bessere Funktion des Gehirns in vielen seiner Areale ermöglichen. Und wenn im Darm das Milieu durch die neu ankommenden Bakterien wieder zurechtgerückt wird, dann vermehren sich eben auch jene Bewohner, die zwar vorhanden sind, aber bisher nicht die richtigen Lebensbedingungen für eine Vermehrung vorfanden.

Zusammengefasst geben die Ergebnisse der StressRest-Analyse neue erstaunliche Einblicke in puncto Einfluss des Darmmikrobioms auf das Stressverhalten. Es konnte gezeigt werden, dass sich tatsächlich alle Aspekte der Lebensqualität, die in dieser Studie untersucht wurden – darunter Schlafqualität, Vitalität, psychische Gesundheit, Stressresistenz und Leistungsfähigkeit –, durch die Einnahme des Probiotikums im Vergleich zur Ausgangslage und deren Beurteilung durch die Teilnehmer deutlich verbesserten. In jedem Fall sollte – insbesondere in Situationen mit hoher Stressbelastung – immer auf einen gesundheitsbewussten Lebens- und Ernährungsstil geachtet werden. Im Folgenden finden Sie die aktuellsten und spannendsten wissenschaftlichen Erkenntnisse über die faszinierende Darm-Hirn-Achse und den bedeutenden Einfluss unserer probiotischen Darmbakterien darauf, ob wir konzentriert und gut aufgelegt durchs Leben gehen. Den Abschluss bildet das große und wichtige Kapitel von Ernährungsmedizin und Diätetik. Denn mit dem Wissen darüber und all den anderen Tipps in diesem Buch haben wir es täglich in der Hand, ein wirklich gesundes Leben zu führen.

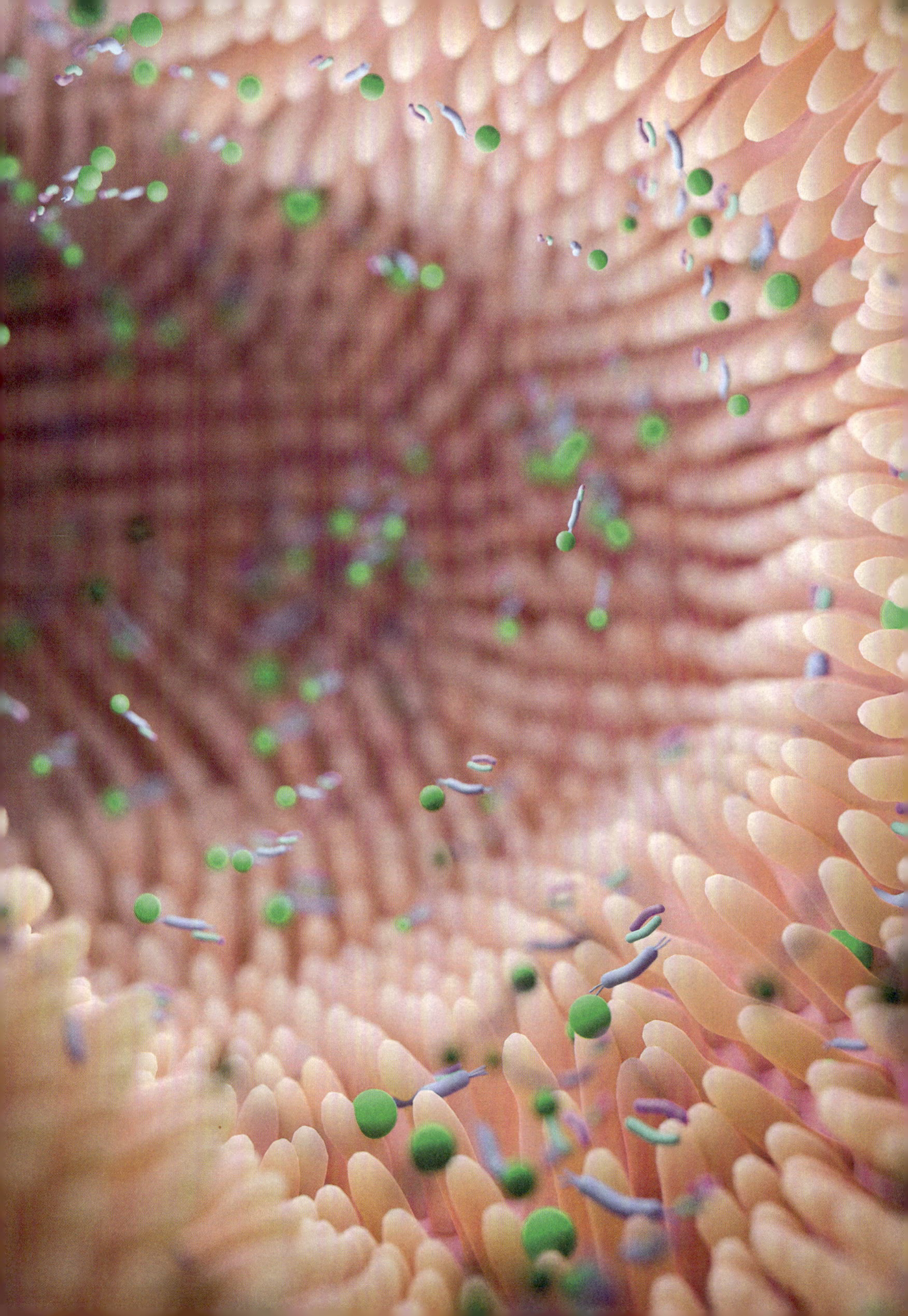

Kapitel 07

Das Potenzial von Probiotika für die Psyche

Nicht nur die zuvor erwähnte StressRest-Analyse zeigt die Bedeutung einer gesunden Darmflora für unser Wohlergehen. Die positiven Gesundheitseffekte von probiotischen Bakterien sind wissenschaftlich bereits sehr gut erforscht.

Probiotika sind von der WHO klar als „lebende Mikroorganismen" definiert, die, wenn sie in angemessenen Mengen verabreicht werden, im Menschen positive gesundheitliche Wirkungen entfalten können.

„Der Darm ist das Wurzelsystem des Menschen."

Dr. Franz Xaver Mayr

Die probiotischen Bakterien müssen dafür sorgfältig ausgewählt und bei vielen gesundheitlichen Problemen auch miteinander kombiniert werden, um eine spürbare und vor allem auch nachhaltige Wirkung auf uns Menschen auszuüben.

Und es muss sichergestellt werden, dass sie die Magen- und Dünndarmpassage überstehen, damit sie in aktiver, lebendiger Form in ihrem natürlichen Lebensraum, dem Darm, ankommen. Das gelingt nur humanen Keimstämmen, also Bakterien, die schon seit Urzeiten im Menschen heimisch sind und sich dadurch auch so entwickelt haben, dass sie tatsächlich genetisch magensäureresistent sind.

Zu diesen im Menschen heimischen, gesundheitsförderlichen Bakterien gehören viele verschiedene Bakterienarten, allen voran Bifidobakterien, Laktobazillen und Laktokokken.

Die Funktionen probiotischer Bakterien sind vielfältig. Siedeln sie sich in ausreichender Menge im Darm an, können sie unter anderem das starke Wachstum von krankheitserregenden Bakterien und anderen Mikroorganismen wie Pilzen oder Viren im Darm verhindern, abschwächen und vor allem deren Ausbreitung durch die Darmwand in die Blutbahn und in andere Organe hemmen.

Eine Reihe positiver Effekte von Probiotika wird deshalb bei Erkrankungen des Magen-Darm-Trakts, insbesondere bei Durchfällen, beobachtet (auch und insbesondere nach der Einnahme von Antibiotika sowie verdorbenen oder kontaminierten Lebensmitteln im Urlaub). Zudem ist der Darm mit seinem Mikrobiom – dieser Ausdruck bedeutet die Summe aller darin vorhandenen Mikroorganismen – ein wichtiger Bestandteil des Immunsystems. Bestimmte probiotische Bakterien – zum Beispiel Bifidobakterium bifidum und Lactococcus lactis – sind daher für die Entwicklung und Funktion des Immunsystems von großer Bedeutung.

Darmflora
Die Darmflora hat einen nicht zu unterschätzenden Effekt auf unsere Gesundheit. Aktuelle Studien zeigen sogar, dass die Darmflora einen Einfluss auf die Körpergewichtsentwicklung hat. Damit könnte eine

gezielte positive Modulation der Darmflora durch speziell entwickelte Probiotika auch zur Prophylaxe und Therapie von Übergewicht und Adipositas beitragen. Nicht umsonst sprachen schon die Meister der chinesischen Medizin vor 4.000 Jahren vom „Darm als Zentrum des Lebens". Auch wenn ihnen nicht bekannt war, dass darin unsere Darmbakterien leben.

Fakten zum Leben in unserem Darm

Um Ihnen bessere Einblicke zu ermöglichen, folgen nun einige Fakten zur Darmflora: Im Gastrointestinaltrakt leben etwa 100 Billionen Bakterien. Der Magen-Darm-Trakt unterscheidet sich hinsichtlich der mikrobiellen Besiedlung: Die mit Abstand größte Zahl aller im Magen-Darm-Trakt nachweisbaren Mikroorganismen befindet sich im Dickdarm. In den oberen Abschnitten des Verdauungstrakts (Magen, Zwölffingerdarm und Dünndarm) lassen sich sehr viel geringere Mengen von Mikroorganismen nachweisen. Doch gerade diese sind von essenzieller Bedeutung, da sie für die optimale Aufbereitung des Speisebreis und für 80 Prozent unseres Stoffwechsels zuständig sind. Bestimmte Arten der Mikroorganismen in der Darmflora weisen eher günstige und andere eher ungünstige Eigenschaften auf. Als positiv werden Bakterien angesehen, die selbst keine Krankheiten hervorrufen können, keine toxischen Substanzen produzieren oder freisetzen und das zu 80 Prozent im Darm beheimatete Immunsystem positiv beeinflussen. Normalerweise befinden sich unsere Mikroorganismen in einem Gleichgewicht, in dem die positiven Eigenschaften überwiegen. Die Zusammensetzung der Darmflora wird unter anderem durch Ernährung, Medikamente aber auch durch Umweltfaktoren und speziell Stress beeinflusst. Im ungünstigsten Fall wird die Darmflora derart gestört, dass die Gesundheit des Menschen beeinträchtigt ist. Die tägliche oder kurmäßige Ansiedlung von lebenden probiotischen

Bakterien in unserem Darm trägt daher entscheidend zur Förderung der Gesundheit bei. Es ist aber auch wichtig, den Bakterien bei der Ansiedlung zu helfen und unsere fleißigen Helferlein eine sogenannte Präbiotika-Nahrung zur Verfügung zu stellen. Für die Entwicklung und dauerhafte Ansiedlung der gesundheitsfördernden Bakterien der Darmflora sind diese unverdaulichen Nahrungsbestandteile (Ballaststoffe) von entscheidender Bedeutung.

Der menschliche Darm ist im Grunde ein langer Schlauch, dessen innere Oberfläche stark gefaltet ist. Auseinandergefaltet und ausgebreitet, würde die Darmschleimhaut eine Fläche von etwa 400 Quadratmetern bedecken, also etwa die Größe eines Tennisfeldes! Eine Hauptfunktion des Darms besteht darin, Nährstoffe und Wasser aus der Nahrung in den Körper aufzunehmen. Täglich passieren viele Lebensmittel aber auch Keime den Darm. Viele davon können Allergene enthalten, andere können pathogene Wirkungen haben. Daher verfügt der Darm über ein effektives Abwehrsystem, damit potenziell gefährliche Stoffe nicht ins Blut- oder Lymphsystem eindringen können. Dieses Darm-assoziierte Immunsystem reagiert schnell und effizient auf Krankheitserreger und eliminiert sie, bevor sie sich vermehren und schädliche Wirkungen entfalten können. Es übernimmt den Großteil aller Immunfunktionen unseres Körpers.

Wenn genügend physiologische Bakterien die Darmoberfläche besiedeln, ist quasi kein Platz für die pathogenen (also krankmachenden) Bakterien. Zudem stimulieren die Keime ständig das Immunsystem. Nur so ist es in der Lage, schnell auf Gefährdungen zu reagieren. Die Darmflora verfügt aber noch über weitere nützliche Eigenschaften. Die Bakterien zersetzen unverdauliche Bestandteile der Nahrung, um sich davon zu ernähren. Dabei produzieren sie unter anderem kurzkettige Fettsäuren und Milchsäure. Kurzkettige Fettsäuren dienen den Zellen des Dickdarms als Energiequelle und halten sie gesund, indem sie z.B. die bei Stress entstehende Entzündung reduzieren. Außerdem senken diese Fettsäuren wie auch die Milchsäure den pH-Wert des Darmlumens ab. Dies stellt einen weiteren Schutz gegen pathogene Keime dar. Denn diese können in einem sauren pH nämlich kaum gedeihen und sterben ab. Ist das Darmmilieu nicht sauer genug, können sich dagegen schädliche Fäulnisbakterien und Pilze im Darm stark vermehren.

Präbiotika

Ballaststoffe, die vor allem das Wachstum von Bakterien mit gesundheitsförderlichen Eigenschaften begünstigen, werden als Präbiotika bezeichnet. Dabei handelt es sich um Oligo- und Polysaccharide, die weder im Magen noch im Dünndarm verstoffwechselt werden können und unverdaut in den Dickdarm gelangen. Dort erfolgt der fermentative Abbau durch kommensale Bakterien wie beispielsweise Laktobazillen und Bifidobakterien, aber auch durch Akkermansien und viele andere Bakterienarten, die uns erst seit kurzem bekannt sind. Präbiotika dienen diesen Bakterien als Nährstoffsubstrat. Sie werden von ihnen fermentiert und fördern deren Vermehrung.

Mit Präbiotika wie Inulin und seinem Hydrolyseprodukt Fructooligosaccharide (FOS) ließen sich in Studien viele verschiedene gesundheitsrelevante Resultate erzielen. Diese präbiotischen Ballaststoffe erhöhen gleichzeitig Masse und Gewicht des Stuhlgangs und verbessern die Stuhlfrequenz. Sie helfen deshalb bei Obstipation und fördern die Gesundheit der Darmschleimhaut.

Die Präbiotika Inulin und Oligofructose können indirekt über die Beeinflussung der Darmflora die optimale Arbeit unseres Immunsystems fördern; der Ballaststoff Apfelpektin etwa dient genau jenen Bakterien als Nahrung, die als „Schlankmacherbakterien" gelten und sollte deshalb in keiner Diät fehlen.

Wie unser Darm und sein Mikrobiom die Psyche beeinflussen

Die rund 100 Billionen Bakterien im Dickdarm haben Gewicht – nicht nur für die Gesundheit. Die Bakterien wiegen zusammen rund zwei Kilogramm. Schon lange wissen wir, dass das Mikrobiom unser Immunsystem stark macht. Spätestens seit dem Buch-Bestseller „Darm mit Charme" (Giulia Enders) wissen wir auch alle bereits, dass der Darm das zweite Gehirn ist. Dass aber eine direkte Verbindung zwischen Darm und Gehirn besteht, ist eine neuere Erkenntnis, die sich in der Medizin noch nicht in allen Bereichen etabliert hat.

Die Darm-Hirn-Achse rückt allerdings immer mehr in den Fokus des wissenschaftlichen Interesses. Zwischen Gehirn und Verdauungstrakt findet – in beide Richtungen – ein ständiger biochemischer und nervaler Informationsaustausch statt, der uns, unsere Gesundheit und natürlich auch unser Wohlbefinden auf vielfältige Art und Weise beeinflusst. Via Darm-Hirn-Achse steuert der Verdauungstrakt nicht nur Hungergefühl und Appetit, sondern beeinflusst auch Stimmungslage, Emotionen und kognitive Prozesse.

Die Kommunikation zwischen Darm und Gehirn erfolgt auf unterschiedlichen „Kanälen", etwa über Darmmikroben, Hormone, bestimmte Metaboliten von Darmbakterien oder sensorische Neuronen. Die Darmbakterien bilden Substanzen wie Neurotransmitter, die auch Veränderungen im Gehirn auslösen können. Das Mikrobiom kann über vielfältige Wege Kontakt zum Gehirn aufnehmen. Einerseits über die Nerven, die Signale ans Gehirn schicken, und andererseits auch über Hormone oder über die von ihnen gebildeten kurzkettigen Fettsäuren, welche die Immunzellen des Gehirns optimal in Schuss halten. Dazu kommen wahrscheinlich noch viele weitere Wege, die wir noch nicht kennen.

Die Ernährung nimmt nicht nur über die Darmflora Einfluss auf die

Psyche. Auch die Vitamine B1, B6, B12 und Folsäure, die Mineralstoffe Zink und Magnesium sowie Omega-3-Fettsäuren haben unter anderem Einfluss auf das Gehirn.

Eine gesunde Ernährungsweise, die auf pflanzlichen Produkten wie Obst und Gemüse basiert, fördert die normale Funktion des Gehirns und macht Körper und Seele gesund. Schon Hippokrates wusste, dass der Darm der Vater aller Trübsal ist.

Probiotika beeinflussen die Leistung des Gehirns – und unser „Bauchgefühl"

Aktuelle Untersuchungen zeigen eindrucksvoll, dass viele unterschiedliche Funktionen des Gehirns mittels medizinisch relevanter Probiotika außerordentlich positiv beeinflusst werden können.

Obwohl der exakte zugrundeliegende molekulare Mechanismus noch unklar ist, konnte bereits gezeigt werden, dass die Bakterien im Dickdarm emotionale Verhaltensweisen, kognitive Entscheidungsprozesse aber auch Schmerzwahrnehmung und Stressempfindlichkeit steuern. Vor zehn Jahren deuteten noch viele evidente Hinweise, die aus „Mausmodellen", also Studien mit Mäusen gewonnen wurden, auf einen Zusammenhang zwischen Darmmikrobiom und Verhalten hin. In den letzten zehn Jahren allerdings wurden durch neue hochmoderne Messmethoden wie das sogenannte Neuroimaging bereits viele Untersuchungen an Menschen durchgeführt.

Diese Humanstudien zeigen bereits unglaublich positive Ergebnisse von spezifisch formulierten Probiotika auf unser Wohlbefinden und auf die Reduktion von psychischen und neurodegenerativen Erkrankungen. Auf den folgenden Seiten werden wir Ihnen in verständlicher Form Einblicke in die aktuellsten Studien geben, in welchen durch die Beeinflussung der Bakterienzusammensetzung in unserem Darm auch Veränderungen für die Psyche möglich wurden.

Darm an Hirn: Bitte melden!

Man verlässt sich in vielen Situationen auf sein „Bauchgefühl" und zieht – vermeintlich – intuitive Entscheidungen rationalen Überlegungen vor. Tatsächlich kann das Mikrobiom im Darm, das gezielt durch medizinisch relevante Probiotika ergänzt wird, einen großen Einfluss auf uns haben, wie eine Publikation der Medizinischen Universität Graz[2] zeigt: In einer wissenschaftlichen Studie wurden junge gesunde Menschen in drei Gruppen eingeteilt:

1. Probanden, die ein spezifisch für die Darm-Hirn-Achse formuliertes Probiotikum erhielten,
2. Probanden, die ein Placebo erhielten und
3. Probanden, die weder ein Probiotikum noch ein Placebo erhielten.

Die gesunden Probanden waren Studenten inmitten der stressigen Prüfungsvorbereitungen. Die erste Probiotika-Gruppe erhielt über vier Wochen hinweg ein spezielles Probiotikum mit neun Bakterienstämmen. Die Teilnehmer der Placebogruppe ein gleich aussehendes und gleich schmeckendes Pulver, das ebenfalls in Wasser aufgelöst werden musste, sodass weder sie noch die Prüfärzte wussten, in welcher Gruppe man sich befand. Jeweils vor Beginn und nach Ende der Probiotika-/Placebo-Einnahme absolvierten die Teilnehmer Emotions- und Konzentrationstests – und zwar während einer funktionellen Magnetresonanztomographie (fMRT). Durch diese Echtzeit-Aufnahmen des Gehirns war es möglich, die Durchblutungsaktivität in unterschiedlichen Hirnarealen sichtbar zu machen und damit auf die

---

[2] Bagga *et al.* "Probiotics drive gut microbiome triggering emotional brain signatures." Gut Microbes (2018) Vol. 9, pp 1-11. s

Gehirnfunktion zu schließen. Diese geht auf den Energiebedarf aktiver Nervenzellen zurück – denn die Nervenzellen wiederum benötigen mehr Sauerstoff und somit mehr Blut.

Das messbare „Bauchgefühl"

Auch der sogenannte PANAS-Score wurde gemessen. Er gibt Aufschluss darüber, wie Personen zu einem bestimmten Zeitpunkt positiv oder negativ auf Umweltreize reagieren. Die Ergebnisse der Studie zeigen, dass positive Emotionen in der Probiotika-Gruppe signifikant gesteigert wurden. Die Evaluierung des LEIDEN-Index, der zur Erkennung des Schweregrads von Depressionen herangezogen wurde, ergab ebenfalls eine klare Verbesserung durch die Probiotika-Einnahme. So war die Anfälligkeit für depressive Verstimmungen, welche in stressigen Phasen durchaus auftreten können, deutlich verringert. Insbesondere in Bezug auf Hoffnungslosigkeit ließen sich deutlich verbesserte Ergebnisse feststellen, was erfahrungsgemäß sogar die Krankheitsanfälligkeit reduzieren kann.

Bei Wiedererkennungsaufgaben mit unangenehmen Reizbildern war ein klarer Unterschied zwischen den Probanden aus der Placebo- oder Kontrollgruppe und den Teilnehmern aus der Probiotika-Gruppe zu sehen – und zwar im wahrsten Sinne des Wortes: Die funktionelle MRT-Analyse zeigte, dass bestimmte Regionen des Gehirns stärker durchblutet und damit stärker aktiviert waren. Im Speziellen wurden Gehirnregionen aktiviert, die für Gedächtnisleistung, verbesserte Motorik und höhere Konzentration verantwortlich sind. Dies spiegelte sich auch in der Wiedererkennungsquote wider: Während die Kontroll- bzw. Placebogruppe nur etwas über 60 Prozent der gezeigten Bilder nach einer Stunde Pause erneut erkannte, identifizierte die Probiotika-Gruppe sogar mehr als 85 Prozent der Bilder. Auch emotionale Entscheidungsprozesse wurden untersucht. Hier zeigte sich ebenfalls ein signifikant positiver Effekt: Die Teilnehmer aus der Probiotika-Gruppe waren hoch konzentriert und dadurch sicherer und eindeutiger in ihrer Entscheidungsfindung. Diese hochkomplexe Studie lieferte eindeutige Erkenntnisse, wonach die Gabe dieses speziellen Multispezies-Probiotikums mit seinen neun Stämmen zu einer signifikanten Verbesserung von Konzentration und Erinnerungsvermögen sowie von positiven Emotionen führte.

Himmelhoch jauchzend – zu Tode betrübt
Die Anzahl psychischer Erkrankungen nimmt in unserer schnelllebigen, stressigen Zeit zu. Drei bis sechseinhalb Prozent der Menschen im deutschsprachigen Raum erkranken im Laufe ihres Lebens an einer bipolaren Störung, wobei diese Krankheit vor allem in sehr jungen Jahren auftritt: 60 Prozent der Betroffenen berichten, dass erste Symptome bereits vor dem 18. Lebensjahr spürbar waren. Dramatisch dabei ist, dass die Patienten während ihrer depressiven Phasen auch mit Gedächtnisverlust und Konzentrationsstörungen zu kämpfen haben. Und selbst wenn es durch die Gabe von mehreren Psychopharmaka zu einer Remission – also einem Nachlassen der Symptome – der bipolaren Störung kommt, führt dies nicht unbedingt zu einer Verbesserung der kognitiven Funktionen. Das heißt: Obwohl psychische Stabilität durch die Medikamente irgendwann wieder erreicht wird, ist ein (Wieder-)Einstieg in die Ausbildung oder die Arbeitswelt nur schwer möglich, was das Selbstwertgefühl der Patienten massiv beeinträchtigt.

Kranke Psyche = kranker Darm
Kranker Darm = kranke Psyche
Wissenschaftliche Studien zeigen, dass sich die Darmflora von Menschen mit psychischen Erkrankungen deutlich von jener von gesunden

Menschen unterscheidet. Deshalb entwickeln Forscher speziell zusammengesetzte Probiotika, um gezielt auf die Darm-Hirn-Achse einzuwirken und sowohl die Emotionen Betroffener zu verbessern als auch deren Gedächtnisleistung positiv zu beeinflussen. Dies wurde auch im Rahmen einer Pilotstudie an der Medizinischen Universität Graz an 20 Patienten mit bipolarer Störung untersucht[3]: Die Studienteilnehmer erhielten für drei Monate täglich ein medizinisch relevantes Probiotikum mit neun speziell kombinierten Bakterienstämmen. Zu Beginn der Therapie, nach einem Monat und nach drei Monaten wurden dann mehrere evaluierte Tests durchgeführt, um die kognitiven Funktionen zu beurteilen.

Darm an Hirn: Konzentration!
Beim sogenannten Digit-Symbol-Test werden den Ziffern 1 bis 9 unterschiedliche Symbole zugewiesen. Diese Symbole sind dann in 90 Sekunden so vielen Zahlen wie möglich zuzuordnen, was von den Probanden Reaktionsgeschwindigkeit, anhaltende Konzentration und auch visuelle räumliche Fähigkeiten erfordert. Bereits nach vier Wochen Probiotika-Therapie konnte eine signifikante Verbesserung der Gedächtnisleistung hinsichtlich Konzentration und Verarbeitungsgeschwindigkeit festgestellt werden, die sich im Verlauf der weiteren zwei Monate nochmals weiter steigerte.

Zudem absolvierten die Probanden den Trail-Making-Test, welcher Aufschluss über die visuelle und motorische Verarbeitungsgeschwindigkeit gab. Auch bei diesem Test zeigte sich bereits nach einmonatiger Probiotika-Gabe eine signifikante Verbesserung der

---

[3] Reininghaus *et al*. "The Impact of Probiotic Supplements on Cognitive Parameters in Euthymic Individuals with Bipolar Disorder: A Pilot Study." Neuropsychobiology (2018) pp. 1-8

kognitiven Flexibilität, die maßgebend für die zielgerichtete Handlungssteuerung von uns Menschen ist. Auch hier verbesserte sich das Ergebnis weiterhin über die kommenden Monate, in denen das Probiotikum eingenommen wurde.

Probiotika bei psychischen Krankheiten?

Die sichtbaren Veränderungen im Gehirn nach Probiotika-Einnahme (bei gesunden Studienteilnehmern) sind schon eindrucksvoll. Bestärkt durch die überaus positiven Ergebnisse bei psychiatrischen Patienten mit bipolarer Störung, kann man sagen, dass das Potenzial von speziell kombinierten medizinisch relevanten Probiotika im Einsatz bei psychischen Krankheiten größer ist, als bisher angenommen wurde. Unterschiedliche Bereiche des Gehirns lassen sich positiv – ohne unerwünschte Nebenwirkungen – beeinflussen und die Betroffenen können dadurch auf ihrem Weg zurück in ein erfolgreiches, gesundes Leben unterstützt werden. Das spezifisch formulierte Probiotikum hat einen signifikanten Einfluss auf positive Emotionen und positives Verhalten.

Die Darm-Hirn-Achse

Eine ausgewogene Interaktion zwischen Gastrointestinaltrakt und Gehirn spielt nicht nur für die Verdauung, sondern auch für die körperliche und psychische Gesundheit eine wichtige Rolle. Häufig beschriebene Faktoren sind die durch das Darmmikrobiom produzierten kurzkettigen Fettsäuren, wie Butyrat oder Acetat, welche über das distale Colon direkt in die Blutbahn gelangen können. Diese kurzkettigen Fettsäuren sorgen für eine Aufrechterhaltung der Blut-Hirn-Schranke, da diese durch Tight-Junction-Moleküle streng reguliert ist. Der Vagusnerv selbst ist maßgeblich an der Funktion der bidirektionalen Darm-Hirn-Achse beteiligt. Über ihn werden zahlreiche Signale vom Darm zum Gehirn und umgekehrt übertragen. Es wird angenommen, dass die Darmflora über den Vagusnerv direkt entzündliche Prozesse des Gehirns steuert und eine aus dem Gleichgewicht geratene Darmflora langfristig zu zerebralen Pathologien beiträgt. Diese können sich letztendlich in Form von Verhaltens- und Gehirnstrukturänderungen manifestieren.

Stress bringt den Darm aus dem Gleichgewicht und fördert psychische Erkrankungen. In Stresssituationen setzt das Gehirn Neurotransmitter und Stresshormone frei, die den gesamten Organismus in Alarmbereitschaft versetzen.

Kurzfristiger Stress kann positiv wirken (sogenannter Eustress), wenn der Körper danach wieder zur Ruhe kommen kann. Negativ wirkt hingegen dauerhafter Stress (Dysstress). Langanhaltender Stress führt über verschiedene „Stress-Effektormoleküle" (beispielsweise freie Radikale) zur Auflösung der Tight Junctions zwischen den Darmzellen, wodurch ein „Leaky Gut" entsteht. Dadurch gelangen große Mengen an Toxinen über die Pfortader in die Leber und von dort in den gesamten Organismus bis ins Gehirn, was sich negativ auf die geistige und emotionale Stabilität auswirkt. Chronischer Stress beeinflusst das psychische Befinden eines Menschen auch als Folge einer reduzierten Serotoninproduktion. In der Leber, der Milz und dem Gehirn wird nur ein geringer Anteil dieses Gute-Laune-Hormons hergestellt. Die Darmschleimhaut schafft es, bemerkenswerte 95 Prozent dieses Botenstoffs bereitzustellen. Als Ausgangsstoff dient hier 5-Hydroxy-Tryptophan (5-HTP), dessen Vorstufe die Aminosäure L-Tryptophan ist. Unter Mithilfe von Vitamin B6 wird 5-HTP zu Serotonin umgewandelt. Stehen wir unter Stress, funktioniert dieser Syntheseweg nicht mehr einwandfrei.

Einerseits wird in diesem Zustand viel mehr Serotonin benötigt, andererseits regt Stress die Produktion von pro-inflammatorischen Zytokinen wie IL-6, TNF-alpha oder Interferon gamma an, wodurch eine Umwandlung von L-Tryptophan zu 5-HTP blockiert wird und auch die Entzündungsreaktionen verstärkt werden. Die Serotoninproduktion ist somit unzureichend, was in Folge zu Burnout-Syndrom und anderen psychischen Erkrankungen führen kann.

Toxine gelangen **bis ins Gehirn.**
Gesamter Organismus ist überlastet.

Filter funktioniert nicht mehr…
Viele Toxine überlasten
die Leber.

Bakterien und Toxine treten
durch die Darmbarriere.
Leaky Gut

Abb. 8: *Die Darmflora hat entscheidend Einfluss auf unsere Gesundheit.*

Stress verändert die Zusammensetzung der kommensalen Darmflora

Für eine funktionierende Darmbarriere ist die Schleimschicht der Darmschleimhaut, die durch die anhaftenden Bakterien verstärkt wird, entscheidend. Durch Stresseinwirkung wird nicht nur die Anzahl der wichtigen Darmbakterien reduziert, sondern auch jene der schleimproduzierenden Becherzellen. Genauer betrachtet, reduziert Stress die Anzahl der milchsäureproduzierenden Bakterien im Darmlumen und ermöglicht gesundheitsschädigenden, gramnegativen Keimen wie E. coli und Pseudomonas eine erhöhte Translokation und verstärkte Bindung an das Darmepithel. Durch den Einsatz von speziell entwickelten Probiotika kann diesen stressinduzierten Veränderungen im Darm entgegengewirkt werden. Über die direkte Interaktion zwischen Darmzellen und Bakterien werden sowohl die intestinale Motilität als auch die Barrierefunktion und die viszerale Sensitivität beeinflusst. Diese Mechanismen sind Bakterienstamm-spezifisch, werden also nur von bestimmten Bakterienarten ausgeführt.

Der Einfluss des intestinalen Mikrobioms auf die Entstehung von neurodegenerativen Erkrankungen

Die Ursachen für neurodegenerative Erkrankungen wie Alzheimer und Demenz sind noch nicht eindeutig geklärt, jedoch häufen sich die Hinweise, dass die Darm-Hirn-Achse und somit die Darmbakterien hierbei eine zentrale Rolle spielen. Man nimmt an, dass es ausgehend von einer altersbedingten Veränderung des Darmmikrobioms und auch durch häufige Medikamenteneinnahme zu einer Dysbiose, also einer gestörten Darmflora, kommt und folglich silente (also stille) Entzündungen im Darm entstehen. In der Folge können sich systemische Entzündungen ausbreiten und eine Neuroinflammation hervorrufen – ein relevanter Vorgang in der Pathogenese von Alzheimer. Ein gesundes Darmmikrobiom ist deshalb von großer Bedeutung und stellt einen immensen Vorteil für die Hirnfunktion dar. Angesichts vieler therapeutisch-medikamentöser Fehlversuche bei dieser Patientengruppe einerseits und dem Erkennen der wachsenden Bedeutung

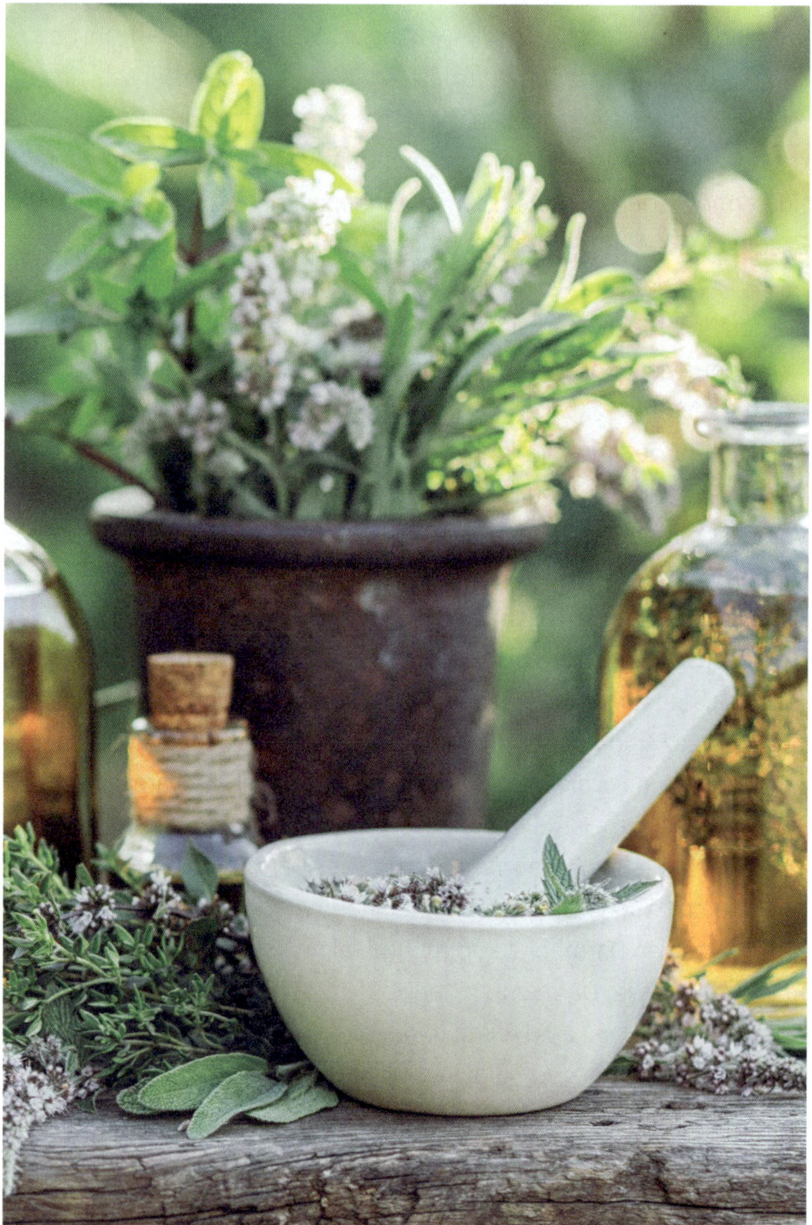

chronisch-entzündlicher Prozesse und des veränderten Mikrobioms bei Alzheimer- und Demenzpatienten andererseits wird neuerdings der Fokus auf die frühe Beeinflussung der Pathogenese und auf Präventionsstrategien gelegt. Multimodale Therapieansätze mit medizinisch relevanten Probiotika, gesunder Ernährung und viel Bewegung zeigen sich als geeignet, um den geistigen Verfall bei Demenzpatienten aufzuhalten.

Schon gewusst?

Das Mikrobiom ist mit mehr als 25.000 wissenschaftlichen Publikationen in den letzten zwei Jahren nicht nur das Thema unserer Zeit, sondern steht zu Recht auch im Fokus der neurologischen Forschung – sowohl in der naturheilkundlichen Medizin als auch in der Schulmedizin. Eine optimale Zusammensetzung der intestinalen Mikrobiota spielt eine wesentliche Rolle für die Gesundheit und ganz speziell für die Lebensqualität. Medizinisch relevante, durch Studien in ihrer Wirkung bestätigte Multispezies-Probiotika aus humanen Keimstämmen werden zur Erhaltung und Wiedererlangung eines gesunden Darm-Ökosystems eingesetzt und erweisen sich als Begleitmaßnahme in der Prävention und Therapie von neurologischen und neurodegenerativen Erkrankungen zunehmend als sinnvoll.

Das Mikrobiom und die Entstehung von Depressionen

Nach Angaben der WHO betreffen Depressionen und Angststörungen weltweit 260 Millionen Menschen. Im Schnitt erleidet jede vierte Person im Laufe ihres Lebens mindestens eine Depressionsepisode. Depressionen werden in unterschiedliche Formen und Schweregrade eingeteilt, können phasenweise oder permanent auftreten und sind von Stimmungsschwankungen, Interessensverlust, erhöhter Ermüdbarkeit und Antriebsmangel gekennzeichnet. Eine Depression kann sich in jedem Lebensalter ausbilden.

In jüngeren Jahren wird der Zusammenhang zwischen Depressionen und neurobiologischen Faktoren als Einflussgrößen zunehmend erforscht, da Funktionsabläufe im Gehirn durch veränderte Botenstoff-Freisetzung nachteilig verändert werden.

Eine zunehmende Fülle an klinischen Studien zeigt eindrucksvoll, dass die Bedeutung des Darmmikrobioms bei psychiatrischen Erkrankungen bislang unterschätzt wurde. Das Konzept der Darm-Hirn-Achse stellt einen wichtigen Ansatz für die Entwicklung neuer Therapiestrategien für psychische und neurodegenerative Erkrankungen dar. Es hilft, die kognitiven Funktionen betroffener Patienten zu optimieren, womit eine enorme Verbesserung der Lebensqualität einhergehen kann. Mit diesem Wissen eröffnet sich ein Spektrum an präventiven und therapeutischen Maßnahmen, die ihren Ausgang in der positiven Modulierung des Darmmikrobioms finden.

Probiotika in der Behandlung von Depressionen

Negative Stimmung und Depressionszustände können durch Probiotika positiv beeinflusst werden. Dieser Therapieansatz reicht schon mehr als 100 Jahre zurück, als versucht wurde, Melancholie mit Milchsäurebakterien zu behandeln. Innerhalb der Neurowissenschaften ist die Anwendung von Probiotika in der Therapie von Depressionen mittlerweile ein zentraler Forschungsbereich mit vielversprechenden Ergebnissen geworden. Ein Hauptfokus wird dabei auf den Faktor Stress gerichtet, der großen Einfluss auf die Bakterien unserer Darmflora und – über die Darm-Hirn-Achse – auch auf die Psyche hat. Klinische Studien belegen klar, dass anhaltender Stress die schon erwähnte Auflösung der Tight Junctions zwischen den Darmzellen verursacht. Ein löchriger Darm lässt buchstäblich über den Blutkreislauf Giftstoffe ins Gehirn wandern. Es werden nicht genügend kurzkettige Fettsäuren produziert, wodurch bestimmte Zellen des zentralen Nervensystems (Mikroglia) in ihrer Funktion beeinträchtigt werden. Dadurch kommt es zu einer Nervenentzündung und veränderten Immunreaktion im Gehirn, indem alte Zellen aber auch toxische Substanzen nicht mehr aus dem Gehirn abtransportiert werden. Neurodegeneration, Migräne sowie Depressionen aufgrund verringerter Serotoninsynthese können die Folgen sein. All diesen Prozessen können medizinisch relevante Probiotika zielgerichtet entgegenwirken. Sie verändern die Zusammensetzung der Darmflora. Dadurch werden mehr kurzkettige Fettsäuren wie Butyrat gebildet, die den Darm optimal ernähren und dem Eindringen von Giftstoffen in den Blutstrom vorbeugen können. Auch die Mikroglia im Gehirn werden ausreichend versorgt, die Reaktion des Körpers auf das Stresshormon Cortisol wird abgesenkt. Zudem steht genügend Substrat zur Serotoninsynthese zur Verfügung.

Doch auch wenn wir mit diesen vollkommen neuen Möglichkeiten endlich nebenwirkungsfreie Hilfe bei Stress und Veränderungen in der Psyche erhalten, darf die Bedeutung der Ernährung nicht vergessen werden. Die Grundlagen des Wissens dazu finden Sie im abschließenden Kapital dieses Buches.

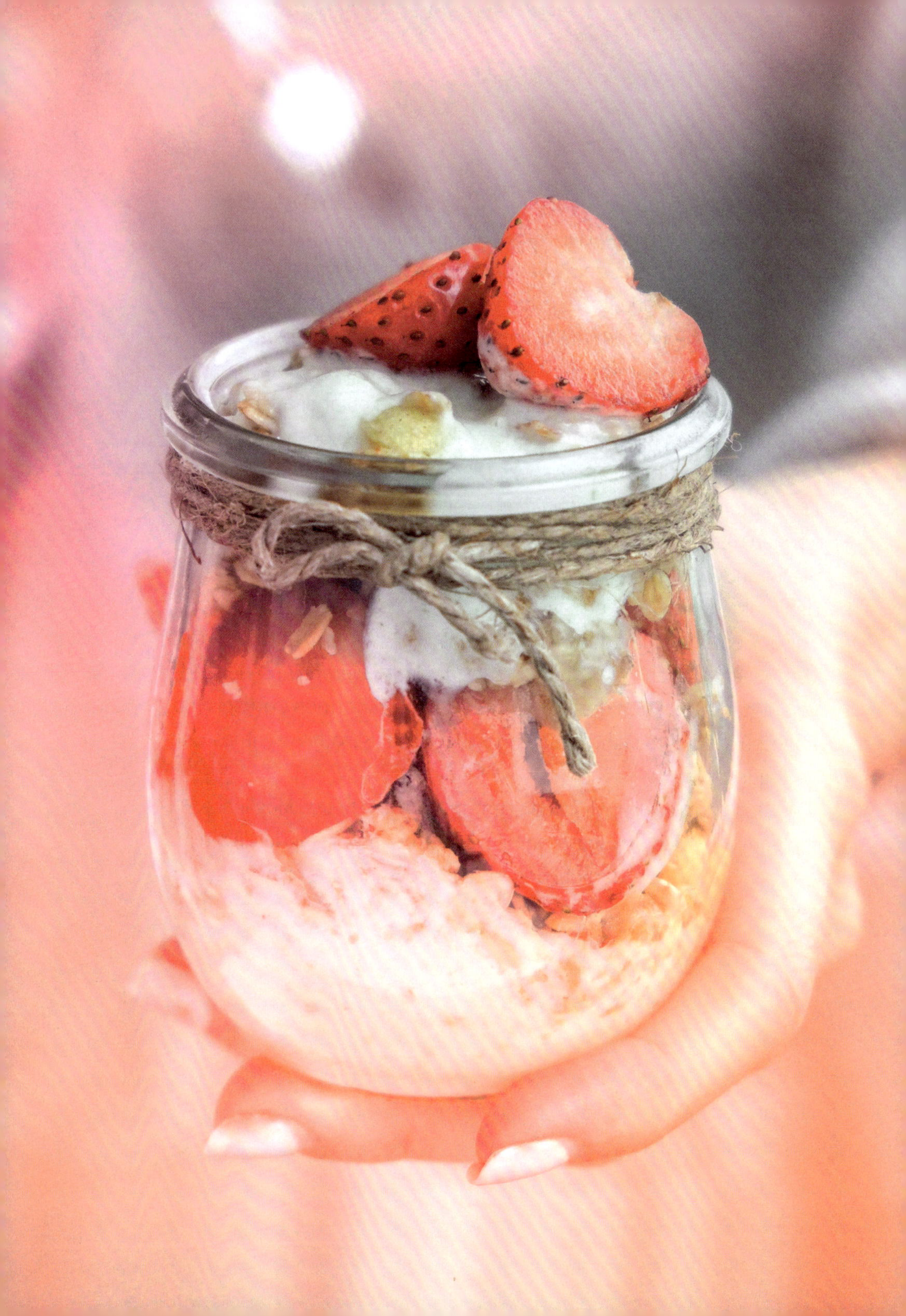

Kapitel 08

Ernährung

Es gibt kein Wohlbefinden ohne gesunde Ernährungsweise. Viele Menschen haben große Probleme, sich richtig, ausgewogen und gesund zu ernähren. Das nimmt Einfluss auf unseren gesamten Körper. Man kann „sich gesund essen", doch das, was wir essen und trinken, kann leider auch zu Erkrankungen führen oder diese fördern. Zudem nimmt die Ernährungsweise massiv Einfluss auf unser Wohlbefinden.

Denken Sie nur an eine große Pizza kurz vor dem Einschlafen – wir schlafen danach eben nicht gut. Oder an die siebzehnte Tasse Kaffee im Büro. Da bleibt keiner ruhig. Ernährungsskandale und Zwischenfälle erzeugen ebenfalls Stress bei uns. Dabei muss man nur an Konservierungsstoffe, BSE oder die Diskussion um Zucker und Fett denken. Oder an den Kampf um eine schöne Figur und das „richtige" Körpergewicht. Dabei fördert Stress die Gewichtszunahme und hemmt die Gewichtsreduktion. Eine ausgewogene Nahrungsaufnahme, unser Wohlbefinden und unsere Gesundheit stehen in engem Zusammenhang.

„Eure Lebensmittel sollen eure Heilmittel sein." Hippokrates von Kos

Schlafstörungen, Stress und Entspannung, Konzentration, Müdigkeit oder „Hellwach-Sein" haben viel damit zu tun, wie wir uns ernähren. Wann haben Sie zuletzt über Ihre Ernährungsweise nachgedacht? Nein, nicht an die Preise oder den Geschmack, sondern an den Gesundheitswert und den Einfluss von Lebensmitteln auf Ihre Gesundheit und Ihr Wohlbefinden? Wissen Sie, was Sie essen und trinken? Wahrscheinlich nicht so genau. Daher nun die erste Empfehlung hinsichtlich einer Ernährungsumstellung, um mehr Gesundheit und Wohlbefinden zu erlangen: Führen Sie ein Ernährungstagebuch. Schreiben Sie also ALLES (!!!) auf, was Sie essen und trinken. Und notieren Sie zudem, wie es Ihnen dabei geht. Sind Sie müde oder ausgeschlafen? Fühlen Sie sich fit und aktiv oder schlaff und schlapp? Können Sie sich gut konzentrieren oder funktioniert das weniger gut?

Fühlen Sie sich gestresst oder entspannt? Sind Sie munter, aktiv und fühlen sich wohl oder fühlen Sie sich depressiv und verstimmt? Sind Sie traurig oder froh? Nach wenigen Tagen können Sie sehen, was bei Ihnen nicht stimmt und was Sie an Ihrer Ernährungsweise verändern sollten. Werden Sie mithilfe des Tagebuchs Ihr eigener Coach. Nehmen Sie Ihren speziellen Tagesbericht auch beim nächsten Arztbesuch mit. Sie können ein herkömmliches Tagebuch führen oder Sie erfassen Ihre Daten in einer Datenbank (Excel oder Ähnliches). Eines dürfen wir Ihnen schon heute versprechen: Allein das Schreiben und Führen des Tagebuches – in welcher Form auch immer – verbessert Ihre Ernährungsweise, weil Sie eine Bestandaufnahme machen und selbst feststellen, was Sie zugunsten Ihrer Gesundheit und Ihres Wohlbefindens ändern sollten. Zudem zeigen unsere Erfahrungen, dass ein Ernährungstagebuch Übergewichtigen beim Abnehmen hilft. Starten Sie in eine neue Ära Ihrer Ernährung!

Der Weg zur Gesundheit führt durch die Küche – nicht über die Apotheke
Diese Aussage stammt vom berühmten Sebastian Kneipp, der sich nicht nur um die Wassertherapie verdient gemacht hat. Ähnlich wie in dem Zitat „Jedes Pfund geht durch den Mund", steckt in diesen Sprüchen eine Menge Wahrheit. In den modernen Überflussgesellschaften sind große Probleme beim Thema Ernährung zu konstatieren. Viele Menschen essen nämlich von einigen Nahrungsinhaltsstoffen zu viel, von anderen hingegen zu wenig. Insgesamt ernähren sich die Menschen in den westlichen Industrienationen im Durchschnitt zu energiereich. Das trifft für Österreich, Deutschland, die Schweiz aber auch für Italien und natürlich auch außereuropäische Länder wie die USA oder China zu. Die Welt ist inzwischen übergewichtig und fehlernährt. Maximal zehn Prozent der Bevölkerung ernähren sich ausgesprochen

gesundheitsbewusst. Bei vielen Menschen geht es beim Einkauf immer noch in erster Linie um die Kosten von Lebensmitteln. Es geht aber nicht um den Preis, sondern um den Gesundheitswert! Lebensmittel sind Mittel zum Leben. Das neue Smartphone oder der dritte Urlaub im Jahr fördern die Gesundheit nicht. Demgegenüber gesunde Lebensmittelsehr sehr wohl. Dramatisch ist, dass wir gewöhnlich zu den weniger gesundheitsförderlichen Lebensmitteln greifen und so dem „Selbstmord mit Messer und Gabel" Vorschub leisten. Wir kaufen also mit schlafwandlerischer Sicherheit ein. So können Sie leicht in Richtung Fehlernährung abstürzen.

Fehlernährung macht uns dick, krank und mindert unsere Leistungsfähigkeit

Die Folgen von Fehlernährung sind ernährungsbedingte und ernährungsabhängige Krankheiten. Jährlich verursachen diese nach Schätzung des Deutschen Kompetenzzentrums Gesundheitsförderung und Diätetik mindestens 75 bis 80 Milliarden Euro Kosten. Damit sind ein Drittel der Kosten im Gesundheitswesen fehlernährungsbedingt. Nach einer Studie des Deutschen Bundesgesundheitsministeriums sind rund 64 Prozent der Todesfälle in Deutschland direkt oder indirekt auf Fehlernährung zurückzuführen. Zu den ernährungsbedingten Krankheiten gehören beispielsweise Nahrungsmittelallergien, Diabetes mellitus Typ 2, Übergewicht, Gicht, Hypertonie (Bluthochdruck), einige Formen der Adipositas und Aminosäurestoffwechselstörungen. Ernährungsabhängig sind beispielsweise Diabetes mellitus Typ 1 oder Fettstoffwechselstörungen. Mehr als die Hälfte der Menschen in Österreich, Deutschland und der Schweiz ist übergewichtig. Rund 2,4 Prozent der Bevölkerung in Deutschland sind mit einem Body-Mass-Index von weniger als 18,5 mangelernährt und untergewichtig. Und wir dürfen nicht vergessen, dass auch Konzentrationsfähigkeit, Schlafqualität,

Leistungs- und Entspannungsfähigkeit viel mit der Ernährungsweise zu tun haben. Leider setzen Staat und Gesellschaft – von Ministerien über Krankenkassen bis hin zu den Menschen selbst – bei der Bekämpfung von Krankheiten in erster Linie auf Arzneimittel und Operationen. Die Ernährung wird fast immer vergessen oder ist untergeordnet. Schon Hippokrates wusste das und schrieb: „Wenn wir jedem Individuum das richtige Maß an Nahrung und Bewegung zukommen lassen könnten, hätten wir den sichersten Weg zur Gesundheit gefunden." Und Friedrich Nietzsche schrieb: „Die Vernunft beginnt bereits in der Küche." Denken wir also mehr über unsere Ernährungsweise nach und informieren uns – nicht nur in diesem Buch. Die Krankenkassen bieten Informationen zur gesunden Ernährungsweise an. Es gibt Volkshochschulkurse und viele Angebote im Internet. Der Arzt ist leider oft nicht der richtige Ansprechpartner, wenn es um Ernährung und Diätetik geht, denn das reine Medizinstudium deckt diese Fächer nicht ab. Woraus sich unsere Lebensmittel zusammensetzen und wie eine gesunde, ausgewogene Ernährungsweise funktioniert, zeigen wir Ihnen jetzt. Die kompetenten Ansprechpartner in Sachen gesunder Ernährung und diätetischer Therapie sind Diätologen, Diätassistenten sowie Ernährungswissenschaftler und Ernährungsmediziner.

Kohlenhydrate, Eiweiße (Proteine) und Fette sind Nährstoffe

Woraus setzen sich unsere Lebensmittel eigentlich zusammen und welchen Einfluss hat das auf unsere körperliche Gesundheit und unser psychisches Wohlbefinden? In erster Linie steckt viel Wasser in fast allen uns bekannten Lebensmitteln. Wasser ist kalorienfrei – aber nicht ohne Wert für unsere Gesundheit, denn viele Stoffwechselvorgänge funktionieren nur mit einem ausreichenden Wasserhaushalt des Organismus Daneben stecken in den Nahrungsmitteln noch Nährstoffe, Wirkstoffe und manchmal leider auch Alkohol, Schadstoffe oder Zusatzstoffe wie Süß- oder Konservierungsstoffe. Die beiden letztgenannten schädigen unsere Darmflora, die so wichtig für unsere Gesundheit ist, massiv. Nährstoffe liefern unserem Körper Energie. Wirkstoffe wie Vitamine und Mineralstoffe (Mengen- und Spurenelemente oder sekundäre Pflanzenstoffe) haben wichtige Funktionen, enthalten aber keine Kalorien. Zudem enthalten Lebensmittel natürlicherweise noch Ballaststoffe oder organische Säuren. Zu den Nährstoffen gehören Kohlenhydrate, Eiweiße/Proteine und Fette/Lipide. Energiehaltig sind auch organische Säuren und Zuckeralkohole. Es gibt wasser- und fettlösliche Vitamine. Entsprechend ihrem Vorkommen im Körper und dem täglichen Bedarf werden Mengen- und Spurenelemente unterschieden. Der Energiegehalt der Nahrung wird seit Jahrzehnten in Kilokalorien oder – SI-Einheit – Kilojoule gemessen. Eine Kilokalorie entspricht 4,2 Kilojoule. Viele von uns denken nach Jahrzehnten immer noch in Kalorien. Wir geben hier beide Werte für Sie an, damit Sie sich optimal orientieren können. Es ist sehr sinnvoll, eine Kalorientabelle in der Bibliothek zu haben. Die Kalorien-Ampel (Trias Verlag) gibt es in jeder Buchhandlung oder bei Amazon im Internet zu kaufen.

Energiegehalt von Nährstoffen und Alkohol
1 Gramm Eiweiß genau 17,2 Kilojoule: 4 kcal
1 Gramm Fett genau 38,9 Kilojoule: 9 kcal
1 Gramm Kohlenhydrate genau 17,2 Kilojoule: 4 kcal
1 Gramm Alkohol: 7 kcal

Mehrwertige Alkohole (beispielsweise Zuckeraustauschstoffe) liefern 2,4 kcal oder 10 Kilojoule pro Gramm und organische Säuren 3 kcal oder 13 Kilojoule pro Gramm. Ballaststoffe liefern dem Körper direkt keine Energie – aber die im Dickdarm befindlichen Bakterien der

Abb. 9: *Eine ungesund veränderte Darmflora kann zu Übergewicht und Diabetes mellitus Typ 2 führen.*

Darmflora können die Ballaststoffe „verdauen" und es entstehen unter anderem kurzkettige Fettsäuren, die den Darm ernähren und sich positiv auf die Darmgesundheit auswirken. Ein Gramm Ballaststoffe liefert zwei Kilokalorien und das entspricht rund acht Kilojoule. Aber keine Angst, von Ballaststoffen werden Sie nicht dick. Im Gegenteil: Ballaststoffe fördern die Sättigung. Wenn Sie aber eine ungesunde Darmflora haben, können auch Ballaststoffe zur Entstehung von Übergewicht beitragen. Daher sollten Sie Ihre Darmflora immer durch medizinisch relevante Probiotika aus der Apotheke pflegen. Studien zeigen, dass die Darmbakterien, die zur Gruppe der Bacteroidetes gehören, beim Schlankbleiben und Schlankwerden helfen, während die Bakterien der Gruppe Firmicutes uns zu einem guten Futterverwerter machen, was zu Übergewicht führen kann.

Eiweiße (Proteine)
Die Deutsche Gesellschaft für Ernährung (DGE) e. V. empfiehlt im Gleichklang mit dem Deutschen Kompetenzzentrum Gesundheitsförderung und Diätetik für den gesunden Erwachsenen eine tägliche Zufuhr von 0,8 bis 1 Gramm Eiweiß pro Kilogramm Körpergewicht, das entspricht einem Anteil von zehn bis 15 Prozent der Gesamtenergiezufuhr. Ältere Menschen, Krebspatienten und Rekonvaleszente sollten auf eine proteinreiche Kost mit mindestens 1 bis 1,2 Gramm Eiweiß pro Kilogramm Körpergewicht achten. Im Alter sinkt lediglich der Energiebedarf, nicht aber der Proteinbedarf. Bei Proteinmangel kommt es zu verminderten Immunabwehrsituationen und Wundheilungsstörungen (Dekubitus). Extremsportler können täglich problemlos 1,5 bis maximal 2 Gramm Eiweiß pro Körperkilogramm aufnehmen. Mehr ist nicht sinnvoll und trägt weder zur Gesundheit noch zur Leistungssteigerung oder einem gesteigerten Muskelwachstum bei. Wer eine ausreichende Eiweißzufuhr erreichen möchte, ist nicht auf tierische Lebensmittel

angewiesen. Vegane Nahrungsmittel wie Soja liefern ausreichend hochwertiges und gesundheitsförderliches Eiweiß. Jahrelang wurden in Gesundheitsstudien insbesondere Kohlenhydrate und Fette untersucht und bewertet. Dabei ist die Analyse der Proteine ins Hintertreffen geraten. Aktuelle Studien zeigen jedoch, dass diese beim Abnehmen und der Erhaltung der Gesundheit besonders wichtig sind. Besonders hochwertig für den Menschen sind dabei Eiweiße aus Seefisch und Fettfischen wie Lachs. Und natürlich sind vegane Quellen wie Algen, Pilze und Hülsenfrüchten wie Soja wichtig. Leider ist die Hinwendung zu einer vegan orientierten Ernährungsweise immer noch die Ausnahme. Nur maximal zehn Prozent der Bevölkerung ernähren sich vorwiegend oder ausschließlich von „nicht-tierischen Produkten". Mehr Pflanzliches und weniger Tierisches lautet die Devise. Denn eine auf pflanzlichen Produkten basierende Ernährung schützt die menschliche Gesundheit und fördert das Wohlbefinden. Gleichzeitig wird damit die Umwelt weniger als durch eine tierisch orientierte Ernährungsweise belastet. Es ist ausreichend, ein- bis zweimal in der Woche Fleisch zu essen. Wurst kann, muss aber nicht Bestandteil einer gesunden, ausgewogenen Ernährungsweise sein. Eine Alternative zu Wurst wäre der Verzehr von Käse. Rotes Fleisch ist schlecht für unsere Gesundheit und den Planeten. Das Gleiche gilt auch für Fleisch und Fleischwaren, die gegrillt werden. Grillen ist ein Gesundheitsrisiko, wenn nur Fleisch und nicht etwa Fisch oder vegane Produkte ausgewählt werden. Insekten werden in der Zukunft nicht nur in bestimmten Entwicklungsländern eine wichtige Proteinquelle darstellen.

Christian Morgenstern

„Wenn der moderne Mensch die Tiere, deren er sich als Nahrung bedient, selbst töten müsste, würde die Anzahl der Pflanzenesser ins Ungemessene steigen."

> **BEISPIEL**
> Ein 30-jähriger Mann mit 75 Kilogramm Körpergewicht hat einen empfohlenen täglichen Eiweißbedarf von 60 bis 75 Gramm. Eiweiß. Eiweißreiche Lebensmittel sind Fleisch, Wurstwaren, Fisch, Milch- und Milchprodukte, Eier, Hülsenfrüchte und Sojaprodukte. Eiweißarme Lebensmittel sind Butter, Margarine, Öl, Zucker, Obst, Gemüse, Kartoffeln, Hülsenfrüchte, Säfte, Getränke und Alkoholika.

Eiweiß dient dem Körper als Baustoff. Aminosäuren sind Bausteine der Proteine (Eiweiße) und haben neben dem Aufbau der Körpermasse noch andere Funktionen im Körper. Ohne Eiweiß ist kein Leben möglich. Eine eiweißarme Ernährungsweise kann krank machen und gefährlich sein. Gleiches gilt für ein Übermaß an Eiweiß, wie es oft von Bodybuildern aufgenommen wird. Die zugeführten Mengen sind sinnlos und können die Gesundheit durchaus schädigen. Das trifft zu, wenn täglich mehr als 2,5 bis 3 Gramm pro Kilogramm aufgenommen werden. Es werden unentbehrliche (Isoleucin, Leucin, Lysin, Methionin, Phenylalanin, Threonin, Tryptophan und Valin), semiessenzielle und entbehrliche Aminosäuren unterschieden. Die Eiweißqualität bestimmt sich über die biologische Wertigkeit der Eiweiße. Sie gibt an, wie viel Körpereiweiß aus 100 Gramm Nahrungseiweiß im menschlichen Organismus aufgebaut werden können. Sie ist abhängig vom Aminosäuremuster (essenzielle Aminosäuren) und ist prinzipiell bei tierischen Lebensmitteln (außer Gelatine) höher als bei pflanzlichen Lebensmitteln. Eine besonders hohe biologische Wertigkeit hat das Eiweiß im Ei und aus Soja. Eiweiße sind Bestandteile von Enzymen, Hormonen, Antikörpern in der Immunabwehr, Überträgersubstanzen von Nervenimpulsen und vielem mehr. Ein Leben ohne Müdigkeit, Stress, Depression und Wohlbefinden ist nur möglich, wenn ausreichend Eiweiß aufgenommen wird. Bestimmte Aminosäuren können sogar vor Depressionen schützen oder bei deren Bekämpfung helfen. Zu diesen „Anti-Depressions-Aminosäuren" gehören Tryptophan, Serin, Methionin, Asparagin und Glutamin. Auch die Darmflora hat massiv Einfluss auf das Wohlbefinden und kann Depressionen vorbeugen oder bei deren Behandlung helfen. Denn die in den Körper gelangenden Nahrungsmittel werden mithilfe dieser winzigen Mikroben zerlegt und erst für den Körper aufnahmefähig gemacht. Darüber hinaus wird das so wichtige Nervenvitamin B12 direkt von manchen Bakterienarten erzeugt – ein Umstand, den die meisten Menschen nicht wissen. Dies ist nicht nur im Alter wichtig, sondern auch bei Mangelernährung und Krankheit! Nur das Vorhandensein von ausreichen probiotischen Bakterien im Darm sorgt dann dafür, dass aus der Nahrung die guten Baustoffe entnommen und die schädlichen mit dem Stuhl wieder ausgeschieden werden. Bei einem Eiweißmangel stehen dem Körper nicht mehr ausreichend Baustoffe zur Verfügung und der Organismus ist nicht mehr in der Lage, die körpereigenen Eiweißverbindungen aufzubauen. Es kommt zu zahlreichen Stoffwechselstörungen, beispielsweise einer Schwächung des Immunsystems.

Fette (Lipide)
Fett macht fett? Nein, dieser Satz ist vor dem Hintergrund der Forschung der letzten Jahrzehnte nicht mehr haltbar. Fett macht nicht automatisch dick, wie auch eine fettarme Ernährungsweise nicht automatisch beim Abnehmen hilft. Vielmehr geht es um die Kalorienbilanz – also die Energiezufuhr und den Energieverbrauch. Nahrungsfette sind wichtige Energielieferanten für unseren Organismus. Bestimmte Fette sind lebenswichtig. Wir nehmen allerdings ausgesprochen wenig davon auf, was unsere Gesundheit schädigt. Mehr richtiges Fett zu konsumieren, wäre eine richtungsweisende Aussage. Ohne Fett ist kein

Leben möglich. Einige Fette haben sogar Einfluss auf die Funktion unserer Nerven und unseres Gehirns. Nimmt eine Frau beispielsweise in der Schwangerschaft zu wenig hochungesättigte Fettsäuren (Omega-3-Fettsäuren aus Fisch, Meeresalgen oder bestimmten Ölen wie beispielsweise Leinöl) auf, hat das negative Auswirkungen auf das Gehirn des Fötus. Fette liefern dem Körper mehr als doppelt so viel Energie wie Eiweiß und Kohlenhydrate. Bei den Fettsäuren unterscheidet man zwischen gesättigten Fettsäuren, Transfettsäuren (gefährlich – beispielsweise in Butter enthalten), einfach und mehrfach ungesättigten Fettsäuren (inklusive Omega-3-Fettsäuren und Omega-6-Fettsäuren).

Die mehrfach ungesättigten Fettsäuren bezeichnet man auch als essenzielle (lebensnotwendige) Fettsäuren, wie beispielsweise Linolsäure und Alpha-Linolensäure, da der Körper sie nicht selbst herstellen kann. Diese Fettsäuren sind daher lebenswichtig. Mit der Nahrung sollten zwischen 30 und 40 Prozent der Gesamtenergiemenge in Form von Fett – überwiegend pflanzlichen Ursprungs – zugeführt werden. In der Regel sollten nicht mehr als 1 bis 1,25 Gramm Fett pro Körperkilogramm aufgenommen werden. Die DGE-Empfehlung lautet im Gleichklang mit dem Deutschen Kompetenzzentrum Gesundheitsförderung und Diätetik, davon zehn Prozent aus gesättigten, zehn Prozent aus mehrfach ungesättigten und zehn bis 15 Prozent der Gesamtfettmenge aus einfach ungesättigten Fettsäuren zuzuführen sind. Einfach ungesättigte Fettsäuren sind beispielsweise in Lein- oder Rapsöl, mehrfach ungesättigte Fettsäuren beispielsweise in Maiskeimöl oder Distelöl, gesättigte Fettsäuren hauptsächlich in tierischen Fetten, wie beispielsweise Fleisch, Milch und Milchprodukten aber auch in pflanzlichen Fetten wie Kokosfett enthalten. Olivenöl ist nur in hochwertiger Form gesund. Ein hochwertiges Olivenöl kostet mindestens acht bis zwölf Euro pro 500 ml. Es sollte ungefiltert sein und einen intensiven Eigengeschmack haben. Andernfalls ist Olivenöl nicht zu empfehlen.

Transfettsäuren kommen in Butter, Sahne und fettem Käse oder stark erhitzten Fetten vor. Transfettsäuren sind gefährlich. Es sollte daher möglichst wenig davon verzehrt werden. Vegane Margarine ist ein ideales Streichfett.

Reich an Omega-3-Fettsäuren sind Fettfische wie Wildlachs, Hering und Matjes, Aal oder Makrele. Reich an diesen hochwertigen Fettsäuren sind aber auch Meeresalgen, Meerestiere und Raps- sowie Leinöl.

Reich an Omega-6-Fettsäuren sind bestimmte Pflanzen, Samen und Pflanzenöle. Omega-3-Fettsäuren haben anti-entzündliche Effekte und finden ihren Einsatz daher oftmals bei Erkrankungen wie rheumatoider Arthritis. Neben ihrer Funktion als Energielieferant sind Fette Träger von fettlöslichen Vitaminen sowie Geschmacks- und Aromastoffen.

> **BEISPIEL**
>
> Ein 30-jähriger Mann mit 75 Kilogramm Körpergewicht hat einen empfohlenen täglichen Fettbedarf von 75 bis 100 Gramm Fett. Fettreiche Lebensmittel sind Butter, Margarine, Öl, Fleisch, Wurst, Käse, Fettfisch, Sahne, Eier Nüsse und Samen. Fettarme Lebensmittel sind Obst, Gemüse, Getreideprodukte, Zucker, Seefisch, Hülsenfrüchte und Kartoffeln.

Für eine geschmacklich ansprechende Kost braucht aber niemand Fett, denn sonst würden Kräuter, Gewürze, Erdbeeren oder Gemüse keinen guten Geschmack haben. Fast alle Menschen nehmen zu wenig an Omega-3-Fettsäuren auf. Das wirkt sich negativ auf die Gesundheit aus. Insbesondere Herz und Gehirn nehmen dadurch Schaden. Omega-3-Fettsäuren wirken beispielsweise gegen Depressionen und Stress. Zudem verbessern sie die kognitive Funktion. Sie helfen also bei der geistigen Leistungsfähigkeit und verbessern die Konzentration. Die Kombination aus gesunder Ernährung und der Zufuhr optimaler probiotischer Bakterienstämme sorgen somit für ein belastbares Nervensystem und einen gesunden Körper.

Kohlenhydrate

Ohne Kohlenhydrate können wir uns nicht gut konzentrieren. Unser Gehirn benötigt Kohlenhydrate, um optimal funktionieren zu können. Eine Low-Carb-Diät – also eine an Kohlenhydraten reduzierte Ernährungsweise – ist nicht gesünder und führt nicht zwingend zu einer Gewichtsabnahme, auch nicht im Vergleich zu einer fettarmen Ernährungsweise. Täglich müssen mindestens 120 Gramm Kohlenhydrate – besser 150 Gramm – zugeführt werden, damit das Gehirn gut arbeiten kann.

Nach den Empfehlungen der DGE und des Deutschen Kompetenzzentrum Gesundheitsförderung und Diätetik sollten mindestens 40 bis 50 Prozent der Gesamtenergiezufuhr aus Kohlenhydraten geliefert werden, wobei diese zum größten Teil aus ballaststoffreichen Polysacchariden (Stärke aus Vollkornprodukten, Hülsenfrüchten) bestehen sollen. Diese Kohlenhydrate steigern den Blutzuckerspiegel möglichst langsam, haben also einen niedrigen glykämischen Index. Stärkehaltige Lebensmittel sind beispielsweise Getreide, Kartoffeln und Gemüse. Daneben gibt es noch rasch verfügbare Kohlenhydrate wie Trauben-, Frucht-, Haushalts-, Malz- oder Milchzucker, die jedoch bei vielen Menschen zu Blähbeschwerden und Unverträglichkeiten sowie zum raschen Gewichtsaufbau führen. Kohlenhydrate dienen dem Körper als schneller Energielieferant, etwa für die Gehirnzellen. Sie dienen der Versorgung des Nervensystems, der Muskulatur (natürlich auch des Herzens) und der roten Blutkörperchen. Es gibt Monosaccharide (Glukose (Traubenzucker), Fruktose (Fruchtzucker) und

Galaktose (Schleimzucker)), Disaccharide (Saccharose (Glukose und Fruktose, Haushaltszucker), Laktose (Glukose und Galaktose, Milchzucker) und Maltose (Glukose und Glukose, Malzzucker)), Oligosaccharide (Glukosereste) und Polysaccharide (Stärke, Glykogen, Cellulose = Glukoseketten). Die Kohlenhydratzufuhr dient der direkten energetischen Versorgung des Körpers (Glukosehomöostase). Aus überschüssigen Kohlenhydraten können Triglyzeride aufgebaut werden. Kohlenhydrate können also wie Fette dick machen.

Reich an Kohlenhydraten sind Zucker, Zuckerhaltiges, Getreideprodukte, Obst, Gemüse, Kartoffeln und Milch. Kohlenhydratarm sind, Fisch, Fleisch, Wurst, Geflügel, Eier und Öle.

Ballaststoffe (dietary fibre)

Neben den verwertbaren Kohlenhydraten gibt es noch die Gruppe der nicht verwertbaren Kohlenhydrate, die Ballaststoffe. Leider spielen Ballaststoffe in der Diskussion um eine gesundheitsbewusste Ernährung bisher immer noch eine nachgeordnete Rolle. Das hat sich auch noch zu wenig durch die Diskussion um die Darmflora und Probiotika verändert. Dabei ist die Darmflora von Ballaststoffen abhängig. Die Bakterien der Darmflora, die unsere Gesundheit und unser Wohlbefinden so entscheidend verbessern können, benötigen als Substrat (Nahrung) Ballaststoffe. Ohne Ballaststoffe kann das Mikrobiom nicht leben. Vor diesem Hintergrund sind Ballaststoffe auch wichtig, um Depressionen vorzubeugen, die Funktionen des Gehirns zu optimieren sowie Müdigkeit und Wohlbefinden zu fördern. Wer eine gesunde Darmflora haben möchte, braucht täglich ausreichend und vor allem die richtigen Ballaststoffe. Diese werden auch als Präbiotika bezeichnet. Medizinisch relevante Probiotika aus der Apotheke und Präbiotika werden in optimaler Kombination auch als Synbiotika bezeichnet.

Ballaststoffe kommen fast ausschließlich in pflanzlichen Lebensmitteln vor. Es gibt nur wenige tierische Ballaststoffe. Ballaststoffhaltige Lebensmittel sind beispielsweise Getreide mit dem Schalenanteil und daraus hergestellte Produkte wie Vollkornbrot, Gemüse und Obst. Pro Tag sollten mit der Nahrung mindestens 30 Gramm Ballaststoffe aufgenommen werden. Diese präbiotischen Stoffe in der Ernährung sorgen für eine gesunde Darmtätigkeit und ein erhöhtes Sättigungsgefühl nach dem Essen. Hinzu kommt, dass sie bei der Senkung des Blutcholesterinspiegels hilfreich sein können.

Es werden wasserlösliche und nicht wasserlösliche Ballaststoffe unterschieden. Die Füllstoffe sind beispielsweise Zellulose und haben vorwiegend gastrointestinale Effekte, während die Quellstoffe (Pektin, Agar-Agar, Gummen, Plantago ovata Samenschalen) vorwiegend Stoffwechseleffekte haben. Dazu gehören Retardierung der Blutglukosesteigerung und Cholesterinspiegelsenkung. Gerade die wasserlöslichen Ballaststoffe sind wichtig für die Darmflora. Probiotische Bakterien können ohne diese nicht leben, da sie ihre Nahrung darstellen. Darm mit Charme ohne Ballaststoffe ist nicht denkbar. Um ausreichend Präbiotika für die Darmflora aufzunehmen, kann es sinnvoll sein, spezielle Präbiotika zu sich zu nehmen. Sinnvoll zusammengesetzte medizinisch relevante Probiotika enthalten bereits Ballaststoffe für jene Bakterien, die sie dem Körper zuführen, um diese Mikroben vor der gefährlichen Magenpassage durch genau auf sie abgestimmte Nährstoffe zu aktivieren. Viele Gastroenterologen empfehlen die zusätzliche Einnahme von Präbiotika, abgestimmt auf jene Bakterien, die vermehrt werden sollen.

Ballaststoffreiche Lebensmittel sind Getreideprodukte, Obst, Gemüse, Hülsenfrüchte und Ballaststoffkonzentrate wie Weizenkleie, Haferkleie oder Plantago ovata Samenschalen. Ballaststofffreie Lebensmittel sind Fleisch, Wurst, Eier, Milch, Fisch, Zucker, Öl, Butter und Margarine.

Wasser

Ohne Wasser können wir nicht leben. Schon ein minimaler Mangel hat Auswirkungen auf unser Wohlbefinden. Wasser ist der mengenmäßig wichtigste anorganische Bestandteil des menschlichen Organismus. Der Wassergehalt des Menschen liegt zwischen 50 und 80 Prozent (Mittelwert: 60 Prozent). Viele Menschen reagieren schon bei minimalem Wassermangel mit Kopfschmerzen, Konzentrationsschwierigkeiten und Unwohlsein. Ein oder zwei Gläser Wasser können diese Probleme innerhalb von wenigen Minuten beheben. Der prozentuale Wasseranteil ist vom Alter abhängig. Die Flüssigkeitsbilanz ist abhängig von Aufnahme, Oxidationswasser und Verlusten durch Schweiß, Kot- sowie Urinausscheidung. Der Wasserbedarf liegt pro Tag bei 20 bis 40 ml pro Kilogramm Körpergewicht (1500 bis 2000 ml beim Erwachsenen). Der Flüssigkeitsbedarf sollte vorrangig über Trink- und Mineralwasser gedeckt werden. Auf zuckerhaltige Softdrinks oder süßstoffgesüßte Light-Drinks sollte hingegen verzichtet werden. Optimal ist natürlich immer Wasser selbst. Es kann Trinkwasser oder auch Mineralwasser (still oder mit Kohlensäure) sein. Der harntreibende Effekt von Schwarztee und Kaffee wird in der Regel deutlich überschätzt, beide werden jedoch in die Flüssigkeitsbilanz einbezogen. Nach der WHO sollten täglich nicht mehr als vier bis sechs Tassen (entspricht 500 ml) Schwarztee oder Kaffee getrunken werden. Natürlich ist es nicht gesund, jeden Tag 1000 ml oder mehr von diesen beiden Getränken zu trinken.

Alkohol

Alkohol ist kein Nährstoff. Alkohol ist ein Giftstoff, der niemals gesund ist. Es gibt keine Studie, die nachweist, dass Alkohol irgendetwas Positives für die Gesundheit bringt. Alkohol ist ein Zellgift. Er zerstört Zellen und macht süchtig. Viele Millionen Menschen in Österreich, Deutschland und der Schweiz sind alkoholkrank – also abhängig.

Zehntausende sterben jedes Jahr an übermäßigem Konsum von Wein, Bier und Schnaps. Alkohol ist ein energiereicher Stoff, der, im Übermaß aufgenommen, zu Krankheiten führen kann und eine große Suchtgefahr darstellt. Wenn Sie alkoholische Getränke trinken möchten, fragen Sie Ihren Arzt, ob und in welcher Menge es Ihnen erlaubt ist. Viele Medikamente und Krankheiten erfordern nämlich Abstinenz. Weitgehend ungefährlich sind zehn bis 15 Gramm Alkohol. Aber nicht täglich. Eben wegen des Suchtpotenzials. Eine minimale Menge alkoholischer Getränke jeden zweiten Tag ist nicht gefährlich. Gefahren treten auf, wenn Männer täglich mehr als 60 Gramm und Frauen mehr als 40 Gramm Alkohol täglich, über einen längeren Zeitraum hinweg, konsumieren. 1,6 Millionen Menschen sind alleine in Deutschland alkoholabhängig. Und was bewirkt das? Alkohol lähmt das Gehirn. Alkohol hilft auch nicht beim Einschlafen und trägt niemals zu einem gesunden Schlaf bei. Die Konzentrationsfähigkeit und das Erinnerungsvermögen werden verringert; auch Entspannung ist durch Alkohol nicht zu erwarten, lediglich der Verlust der Kontrolle über sich selbst.

Vitamine und Mineralstoffe

Wohlbefinden und Gesundheit sind auf eine ausgewogene und gesunde Ernährungsweise angewiesen bzw. zurückzuführen. Gerade auch Vitamine und Mineralstoffe haben Einfluss auf unsere Gesundheit. Wir können Mineralstoffe nicht selbst herstellen und müssen sie daher täglich aufnehmen. Mit Vitaminen verhält es sich ähnlich. Nur Vitamin D können wir selbst produzieren und zwar dann, wenn wir ausreichend in die Sonne gehen. Müdigkeit und Konzentrationsschwächen können auf einen Eisenmangel zurückgeführt werden.

Auswirkungen von leichtem Stress lassen sich etwa auch mit Magnesium bekämpfen. Viele B-Vitamine sind wichtig für unsere Nerven.

Vitamine und ihre wichtigsten Funktionen und Vorkommen

❶ Fettlösliche Vitamine	Wichtig für:	Vorkommen:
Vitamin A	Wachstum, Haut, Sehvorgang	Karotten, Spinat, Grünkohl, Brokkoli, Rinderleber, Butter, grüne Bohnen, Eigelb
Vitamin D	Knochenaufbau	Fettfisch, Eigelb, Kalbfleisch, Lebertran, Champignons
Vitamin E	Radikalfänger, Abwehrsystem	Weizenkeime, Sojabohnen, Weizenkeim-, Maiskeimöl
Vitamin K	Blutgerinnung	Grüngemüse, Fleisch, Tomaten, Leber

❷ Wasserlösliche Vitamine	Wichtig für:	Vorkommen:
Vitamin B1	Nervensystem, Steuerfunktion des Stoffwechsels	Vollkornprodukte, Leber, Kartoffeln, Schweinefleisch, Scholle, Thunfisch, Hülsenfrüchte
Vitamin B2	Sauerstofftransport, Eiweißstoffwechsel, Haut	Fleisch, Milch und Milchprodukte, Vollkornprodukte, Seefische, Eier
Niacin	Stoffwechsel	Fleisch, Fisch, Eier, Getreide, Nüsse, Kartoffeln, Karotten, Champignons

	Wichtig für:	Vorkommen:
Vitamin B6	Eiweißstoffwechsel, Blutbildung	Fleisch, Fisch, Vollkornprodukte, Hülsenfrüchte, grüne Bohnen, Kartoffeln, Linsen, Weizenkeime, Sojabohnen
Folsäure	Zellbildung, Wundheilung, Blutgerinnung	Grüngemüse, Spinat, Tomaten, Kohlarten, Gurke, Milch und Milchprodukte, Fleisch, Vollkornprodukte, Kartoffeln, Leber,
Pantothensäure	Stoffwechsel	Leber, Muskelfleisch, Fisch, Milch, Vollkornprodukte, Hülsenfrüchte
Biotin	Haut, Immunsystem	Leber, Eigelb, Sojabohnen, Nüsse, Haferflocken, Spinat, Champignons
Vitamin B12	Blutbildung	Leber, Muskelfleisch, Fisch, Eier, Milch, Käse, Sauerkraut
Vitamin C	Abwehrkräfte, Radikalfänger, Aufbau von Bindegewebe	Zitrusfrüchte, Kiwi, Erdbeere, schwarze Johannisbeeren, Paprika, Kartoffeln, Rosenkohl, Tomaten, Kohlrabi, Feldsalat, Kresse, Leber

Die Bedeutung von Vitaminen und Mineralstoffen für die Konzentrationsfähigkeit, Schlafqualität, Entspannung und das Wohlbefinden darf auf keinen Fall unterschätzt werden.

Vitamin C und die Vitamine der B-Gruppe (Thiamin, Riboflavin, Niacin, Pantothensäure, Biotin, Pyridoxin, Cobalamin und Folsäure) sind wasserlöslich. Auch das Provitamin A ß-Carotin ist wasserlöslich. Fettlöslich sind die Vitamine A, D, E und K. Zu den Mengenelementen gehören Natrium, Kalium, Chlorid, Schwefel, Calcium, Phosphat und Magnesium. Eisen, Kupfer, Zink, Nickel, Silicium, Jod, Fluorid, Cobalt, Selen, Zinn, Mangan, Molybdän, Chrom, Arsen und Vanadium sind Spurenelemente. Die vorgenannten Mengen- und Spurenelemente sind – wie Vitamine – essenziell, also lebensnotwendig.

Da wir im Körper nicht über Speichermedien für Vitamine und Mineralstoffe (von wenigen Ausnahmen, beispielsweise Eisen, abgesehen) verfügen, ist die tägliche ausreichende Zufuhr essenziell. Die Versorgung mit Fluorid, Jod, Zink, Folsäure (insbesondere bei Frauen), Vitamin D (insbesondere bei Senioren) sowie antioxidativen Wirkstoffen ist in Deutschland in der Regel defizitär. Diabetiker verlieren über den Urin größere Mengen wasserlöslicher Wirkstoffe. Das trifft insbesondere auf die Spurenelemente Zink und Chrom zu, die Diabetiker regelmäßig durch entsprechend hoch dosierte Ergänzungsmittel ersetzen sollten.

Body-Mass-Index (BMI)
Viele Menschen haben Stress und Ärger mit ihrem Körpergewicht. Es ist zu hoch oder zu niedrig. In solchen Fällen macht der Blick in den Spiegel oder auf die Waage Angst, mutlos und führt zu Frustration. Die meisten Menschen in Österreich, Deutschland und der Schweiz haben nicht ihr optimales Gewicht. Die meisten sind zu schwer, einige zu leicht. Traumfigur und Wunschgewicht haben nur wenige Menschen.

Das ist nicht nur auf unsere allgemeine Fehl- und Überernährung zurückzuführen, sondern auch auf den extremen Bewegungsmangel. Fast alle Menschen in der westlichen Welt bewegen sich viel zu wenig. Welches Gewicht ist eigentlich das richtige Gewicht?

Der Body-Mass-Index (BMI = Körpermassenindex) ist eine einfache Methode, das Körpergewicht zu bewerten. Dabei wird das Verhältnis von Körpergewicht in Kilogramm zu Körpergröße in Metern zum Quadrat berechnet oder vereinfacht: Körperkilogramm geteilt durch Körpergröße in Metern zum Quadrat.

Dabei dürfen wir aber nicht vergessen, dass der BMI mehr ein statistisches Instrument und kaum dazu geeignet ist, das Körpergewicht eines einzelnen Menschen zu bewerten. Und jetzt mal ganz ehrlich: Brauchen Sie wirklich eine BMI-Bewertung oder reicht der Blick in den Spiegel?

Für die Bewertung des Gewichtsrisikos des Körpergewichts wird der Broca-Index (Körpergröße in Zentimetern minus 100) oder das Idealgewicht (Broca-Index minus zehn oder 15 Prozent) nicht mehr herangezogen. Die Einschätzung des kardiovaskulären Risikos ist anhand der Waist-to-hip-ratio möglich, da eine androide Fettverteilung ein höheres Risiko als eine gynoide Fettverteilung darstellt. All das sind theoretische Werte der Ernährungsmedizin. Ein kritischer Blick in den Spiegel – am besten immer morgens und nackt – zeigt, ob die Figur für einen selbst passt oder nicht. Eine Waage braucht dabei kein Mensch. Die Waage ist für viele Menschen ein echtes Stressinstrument! Und gerade den Stress wollen wir doch reduzieren – also verbannen Sie Ihre Waage in den hintersten Winkel Ihrer Wohnung!

Energiezufuhr

Wer fit und gesund bleiben möchte, braucht ausreichend Energie. Wer mehr Energie mit der Nahrung aufnimmt, als er verbraucht, nimmt an Körperfett zu. Wer mehr Energie verbraucht, als er zu sich nimmt, nimmt ab. Wir haben nur dann ein gutes Wohlbefinden, wenn wir ein ausgewogenes Verhältnis zwischen Energieverbrauch und Energiezufuhr haben. Übergewicht bedeutet Stress und Krankheit. Und Untergewicht bedeutet Stress, Krankheit und im extremen Fall sogar den Tod. Untergewicht ist kurzfristig lebensgefährlich. Übergewicht ist langfristig gefährlich!

Die tägliche Energiezufuhr sollte bei Normalgewichtigen 30 bis 35 Kilokalorien pro Kilogramm Körpergewicht betragen. Der Energiebedarf wird auf das Ist-Gewicht bezogen. Der Basalbedarf liegt bei 24 Kilokalorien pro Körperkilogramm. Der Gesamtenergiebedarf ist abhängig von Alter, Größe, Gewicht, Geschlecht, Aktivität und Stressfaktoren. Er ist erhöht bei schwerer Arbeit, bei konsumierenden Erkrankungen wie Krebs oder schwerwiegenden Atemwegserkrankungen wie Asthma, Fieber, Verbrennungen und bei Sport. Er ist reduziert bei höherem Alter, Übergewicht und Adipositas sowie Immobilität. Ist die Energiebilanz positiv – wird also mehr Energie zugeführt als verbraucht –, steigt das Gewicht. Ist sie negativ – wird demnach weniger Energie zugeführt als verbraucht –, sinkt das Körpergewicht.

Gesunde Ernährungsweise
Eine gesunde, präventiv wirksame Ernährung enthält mehr pflanzliche als tierische Nahrungsmittel. Täglich sollten 750 bis 1.000 Gramm Obst, Gemüse und Kartoffeln, 200 bis 300 Gramm Vollkornbrot, Vollkornnudeln oder Vollkornreis, 250 Milliliter Milch oder Joghurt, eine Scheibe Käse, 120 Gramm Fleisch oder Wurst, zwei bis vier Esslöffel hochwertiges Fett sowie wenig Zuckerhaltiges und Alkohol aufgenommen werden. Die Kost sollte mit einer moderaten Menge fluoridiertem Jodsalz gewürzt werden und wöchentlich sollten zwei bis drei Fischmahlzeiten das Fleisch ersetzen. Frische Kräuter und Gewürze

heben den Geschmack von Speisen und tragen zu einer gesunden Ernährungsweise bei. Täglich sollten eineinhalb bis zwei Liter Getränke in möglichst kalorienfreier Form konsumiert werden. Alkohol ist kein Bestandteil einer gesunden Ernährungsweise. Probiotika und Präbiotika sind Bestandteile einer gesundheitsbewussten Nahrungsaufnahme. Zudem tragen sie in besonderem Maße zum Wohlbefinden bei. Wenn Sie nicht unter Übergewicht leiden, können Sie drei bis fünf Mahlzeiten täglich einnehmen, sofern sich Ihr Gewicht nicht erhöht oder verringert. Wenn Sie allerdings zu viele Kilo auf die Waage bringen, sollten Sie sich an drei Mahlzeiten satt essen. Viele kleine Mahlzeiten machen nicht satt, sondern erhöhen die Nahrungsaufnahme und machen das Abnehmen schwer. Vergessen Sie nicht: Abnehmen kann nur, wer (sich) satt is(s)t.

In diesem Buch haben wir neben Ernährung, Bewegung und Meditation schon einiges über die winzigen Lebewesen – die probiotischen Bakterien – erläutert, die unsere Gesundheit und ganz speziell auch unser psychisches Wohlbefinden fördern. Grundsätzlich gehören sie zu dem wie unsere Nahrungsmittel sein sollten: natürlich, lebendig und frisch, auch wenn uns dies über Jahrtausende nicht bekannt war. Doch jetzt können Sie in ein neues Zeitalter starten und haben dafür Billionen an Helfern in sich!

Quellen- und Literaturverzeichnis

Amaral, F. A. *et al.* Commensal microbiota is fundamental for the development of inflammatory pain. Proc. Natl. Acad. Sci. U. S. A. 105, 2193–2197 (2008).

An 8-Week Randomized, Double-Blind, Placebo-Controlled Trial. Nutr. 2021, Vol. 13, Page 2660 13, 2660 (2021).

Bagga, D. *et al.* Probiotics drive gut microbiome triggering emotional brain signatures. Gut Microbes (2018) doi:10.1080/19490976.2018.1460015.

Bagga, D. *et al.*, Influence of 4-week multi-strain probiotic administration on resting-state functional connectivity in healthy volunteers, Eur. J. Nutr., (2018).

Bagga D, Reichert JL, Koschutnig K, Aigner CS, Holzer P, Koskinen K, *et al.* Gut Microbes Probiotics drive gut microbiome triggering emotional brain signatures Probiotics drive gut microbiome triggering emotional brain signatures. 2018; Available from: https://www.tandfonline.com/action/journalInformation?journalCode=kgmi20.

Baldwin D., Kasper S., International Journal of Psychiatry in Clinical Practice. Int J Psychiatry Clin Pract [Internet]. 1999;3(1):1–1. Available from: https://www.tandfonline.com/action/journalInformation?journalCode=ijpc20 Depression [Internet]. [cited 2020 Nov 2]. Available from: https://www.who.int/news-room/factsheets/detail/depression.

Bravo, J. A. *et al.*, Ingestion of Lactobacillus strain regulates emotional behavior and central GABA receptor expression in a mouse via the vagus nerve. Proc. Natl. Acad. Sci. U. S. A. 108, 16050–16055 (2011).

Bravo R, Matito S, Cubero J, Paredes SD, Franco L, Rivero M, *et al.* Tryptophan-enriched cereal intake improves nocturnal sleep, melatonin, serotonin, and total antioxidant capacity levels and mood in elderly humans. Cereal enriched AGE. 2013;35:1277–85.

Brites D, Fernandes A, Pinto L, Maclean A, Kreiner G. Neuroinflammation and Depression: Microglia Activation, Extracellular Microvesicles and microRNA Dysregulation. 2015; Available from: www.frontiersin.org.

Bullinger, M., German translation and psychometric testing of the SF-36 Health Survey: Preliminary results from the IQOLA project. Soc. Sci. Med. 41, 1359–1366 (1995).

Cryan JF, O'riordan KJ, Cowan CSM, Sandhu K V., Bastiaanssen TFS, Boehme M, *et al.* The microbiota-gut-brain axis. Physiol Rev. 2019;99(4):1877–(2013).

Dalile B, Vervliet B, Bergonzelli G, Verbeke K, Van Oudenhove L. Colon-delivered short-chain fatty acids attenuate the cortisol response to psychosocial stress in healthy men: a randomized, placebo-controlled trial. Neuropsychopharmacology [Internet]. 2020 Jun 10 [cited 2020 Nov 3];1–10. Available from: https://www.nature.com/articles/s41386-020-0732-x.

Dinan, T. G. and Cryan, J. F., "Regulation of the stress response by the gut microbiota: Implications for psychoneuroendocrinology," Psychoneuroendocrinology, vol. 37, no. 9, pp. 1369–1378, (2012).

Faghihi, A. H., Agah, S., Masoudi, M., Ghafoori, S. M. S. & Eshraghi, A. Efficacy of Probiotic Escherichia coli Nissle 1917 in Patients with Irritable Bowel Syndrome: a Double Blind Placebocontrolled Randomized Trial Indonesiana. Acta Med. Indones. 47, (2015).

Forbes, J. D., Van Domselaar, and C. N. Bernstein, "The Gut Microbiota in Immune-Mediated Inflammatory Diseases," Front. Microbiol., vol. 7, p. 1081, Jul. 2016.

Harnett, J. E., Pyne, D. B., McKune, A. J., Penm, J. & Pumpa, K. L. Probiotic supplementation elicits favourable changes in muscle soreness and sleep quality in rugby players. J. Sci. Med. Sport 24, 195–199 (2021).

Havenaar R. Intestinal health functions of colonic microbial metabolites: A review [Internet]. Vol. 2, Beneficial Microbes. Benef Microbes; 2011 [cited 2020 Nov 2]. p. 103–14. Available from: https://pubmed.ncbi.nlm.nih.gov/21840809/.

Ho, Y. T., Tsai, Y. C., Kuo, T. B. J. & Yang, C. C. H. Effects of Lactobacillus plantarum PS128 on Depressive Symptoms and Sleep Quality in Self-Reported Insomniacs: A Randomized, Double-Blind, Placebo-Controlled Pilot Trial. Nutr. 2021, Vol. 13, Page 2820 13, 2820 (2021).

Hoban, A. E. *et al.*, Regulation of prefrontal cortex myelination by the microbiota, Transl. Psychiatry, vol. 6, no. 4, pp. e774–e774, Apr. 2016.

Huang R, Wang K, Hu J. Effect of Probiotics on Depression: A Systematic Review and Meta-Analysis of Randomized Controlled Trials. (2016). Available from: www.mdpi.com/journal/nutrients.

Kelly, J. R. *et al.* Lost in translation? The potential psychobiotic Lactobacillus rhamnosus (JB-1) fails to modulate stress or cognitive performance in healthy male subjects. Brain. Behav. Immun. 61, 50–59 (2017).

Kim, D.-Y. and Camilleri, M., Serotonin: a mediator of the brain-gut connection, Am. J. Gastroenterol., vol. 95, no. 10, pp. 2698–2709, Oct. 2000.

Leblhuber, F., Steiner, K. Schuetz, B.D. Fuchs, D., and Gostner, J. M. Probiotic Supplementation in Patients with Alzheimer's Dementia – An Explorative Intervention Study," Curr. Alzheimer Res., vol. 15, Aug. 2018.

Leblhuber, F., Fuchs, D., Die Bedeutung der Darm-Hirn-Achse bei Demenz | Spectrum Psychiatrie | MedMedia, Spectr. Psychiatr., vol. 3, pp. 38–41, 2017.

Lee, H. J. *et al.* Effects of Probiotic NVP-1704 on Mental Health and Sleep in Healthy Adults.

Li Y, Hao Y, Fan F, Zhang B. The Role of Microbiome in Insomnia, Circadian Disturbance and Depression. Front Psychiatry. 2018; 9 (December):1–11.

Liu RT, Walsh RFL, Sheehan AE. Prebiotics and probiotics for depression and anxiety: A systematic review and meta-analysis of controlled clinical trials. Neurosci Biobehav Rev. 2019;102: 13–23.

Lutgendorff, F. L. M. A. Akkermans, and J. D. Söderholm, The role of microbiota and probiotics in stress-induced gastro-intestinal damage., Curr. Mol. Med., vol. 8, no. 4, pp. 282–98, Jun. 2008.

Marotta, A. *et al.* Effects of probiotics on cognitive reactivity, mood, and sleep quality. Front. Psychiatry 10, 164 (2019).

Matenchuk, B. A., Mandhane, P. J. and Kozyrskyj, A. L. Sleep, circadian rhythm, and gut microbiota. Sleep Med. Rev. 53, 101340 (2020).

Mcnabney SM, Henagan TM. Short Chain Fatty Acids in the Colon and Peripheral Tissues: A Focus on Butyrate, Colon Cancer, Obesity and Insulin Resistance. Available from: www.mdpi.com/journal/nutrients.

Miura H, Ozaki N, Sawada M, Isobe K, Ohta T, Nagatsu T. A link between stress and depression: Shifts in the balance between the kynurenine and serotonin pathways of tryptophan metabolism and the etiology and pathophysiology of depression. Stress. 2008 Jan;11(3):198–209.

Miller, G., Alzheimer's research. Stopping Alzheimer's before it starts., Science, vol. 337, no. 6096, pp. 790–2, Aug. 2012.

Moser, A. M. *et al.* Effects of an or andomizetic on the gastrointestinal immune system and microbiota in patients with diarrhea-predominant irritable bowel syndrome. Eur. J. Nutr. (2018) doi:10.1007/s00394-018-1826-7.

Müller, Almut, Müller, Sven-David, Stress war gestern. Wie Sie dem täglichen Stress entkommen, Mainz Verlag, Aachen 2022.

Ngandu, T. *et al.*, A 2 year multidomain intervention of diet, exercise, cognitive training, and vascular risk monitoring versus control to prevent cognitive decline in at-risk elderly people (FINGER): a randomised controlled trial., Lancet (London, England), vol. 385, no. 9984, pp. 2255–63, Jun. 2015.

Nishida, K., Sawada, D., Kuwano, Y., Tanaka, H. & Rokutan, K. Health Benefits of Lactobacillus gasseri CP2305 Tablets in Young Adults Exposed to Chronic Stress: A Randomized, Double-Blind, Placebo-Controlled Study. Nutr. 2019, Vol. 11, Page 1859 11, 1859 (2019).

Nowotny, M, Kern D, Breyer E, Bengough T, Griebler R, Hausmann A, et al. Depressionsbericht Österreich.

Peng L, Li Z-R, Green RS, Holzman IR, Lin J. Butyrate Enhances the Intestinal Barrier by Facilitating Tight Junction Assembly via Activation of AMP-Activated Protein Kinase in Caco-2 Cell Monolayers 1,2. J Nutr Biochem Mol Genet Mech J Nutr [Internet]. 2009;139:1619–25. Available from: https://academic.oup.com/jn/article/139/9/1619/4670520.

Phillips JGP. The Treatment of Melancholia by the Lactic Acid Bacillus. J Ment Sci [Internet]. 1910 Jul [cited 2020 Nov 2];56(234):422–30. Available from: /core/journals/journal-of-mental-science/article/treatment-of-melancholia-by-the-lactic-acid-bacillus/8FFA58CD6E82E8F015379F1D30552CD4.

Quero, C. D. *et al.* Differential Health Effects on Inflammatory, Immunological and Stress Parameters in Professional Soccer Players and Sedentary Individuals after Consuming a Synbiotic. A Triple-Blinded, Randomized, Placebo-Controlled Pilot Study. Nutr. 2021, Vol. 13, Page 1321 13, 1321 (2021).

Rao, R. Oxidative stress-induced disruption of epithelial and endothelial tight junctions., Front. Biosci., vol. 13, pp. 7210–26, May 2008.

Reininghaus, E. Z. *et al.* Provit: Supplementary probiotic treatment and vitamin b7 in depression—a randomized controlled trial. Nutrients 12, 1–17 (2020).

Reininghaus EZ, Wetzlmair LC, Fellendorf FT, Platzer M, Queissner R, Birner A, *et al.* The impact of probiotic supplements on cognitive parameters in euthymic individuals with bipolar disorder: A pilot study. Neuropsychobiology [Internet]. 2020 Jan 1 [cited 2020 Nov 2];79(1):63–70. Available from: https://pubmed.ncbi.nlm.nih.gov/30227422/.

Reiter, A. *et al.* Interleukin-6 Gene Expression Changes after a 4-Week Intake of a Multispecies Probiotic in Major Depressive Disorder—Preliminary Results of the PROVIT Study. Nutrients 12, 2575 (2020).

Sampson TR, Mazmanian SK. Control of brain development, function, and behavior by the microbiome [Internet]. Vol. 17, Cell Host and Microbe. Cell Press; 2015 [cited 2020 Nov 2]. p. 565–76. Available from: http://dx.doi.org/10.1016/j.chom.2015.04.011.

Smith, R. P. *et al.* Gut microbiome diversity is associated with sleep physiology in humans. PLoS One 14, e0222394 (2019).

Stickgold, R. & Walker, M. P. Sleep-dependent memory consolidation and reconsolidation. Sleep Med. 8, 331–343 (2007).

Takada, M. *et al.* Beneficial effects of Lactobacillus casei strain Shirota on academic stress-induced sleep disturbance in healthy adults: a double-blin andomizedsed, placebo-controlled trial. http://dx.doi.org/10.3920/BM2016.0150 8, 153–162 (2017).

Valles-Colomer M, Falony G, Darzi Y, Tigchelaar EF, Wang J, Tito RY, *et al.* The neuroactive potential of the human gut microbiota in quality of life and depression. Nat Microbiol [Internet]. 2019 Apr 1 [cited 2020 Nov 2];4(4):623–32. Available from: https://www.nature.com/articles/s41564-018-0337-x.

Van Hemert S, Verwer J, Schütz B. Clinical Studies Evaluating Effects of Probiotics on Parameters of Intestinal Barrier Function. Adv Microbiol [Internet]. 2013;3:212–21. Available from: http://www.scirp.org/journal/aim.

West, N. P. *et al.* Probiotics, Anticipation Stress, and the Acute Immune Response to Night Shift. Front. Immunol. 11, 3580 (2021).

Westfall, S., N. Lomis, I. Kahouli, S. Y. Dia, S. P. Singh, and S. Prakash, Microbiome, probiotics and neurodegenerative diseases: deciphering the gut brain axis, Cell. Mol. Life Sci., vol. 74, no. 20, pp. 3769–3787, Oct. 2017.

Winblad, B *et al.*, Defeating Alzheimer's disease and other dementias: a priority for European science and society, Lancet Neurol., vol. 15, no. 5, pp. 455–532, Apr. 2016.

Wu, S. I. *et al.* Psychobiotic Supplementation of PS128TM Improves Stress, Anxiety, and Insomnia in Highly Stressed Information Technology Specialists: A Pilot Study. Front. Nutr. 8, 130 (2021).

Zhang, S. L. *et al.* Human and rat gut microbiome composition is maintained following sleep restriction. Proc. Natl. Acad. Sci. U. S. A. 114, E1564–E1571 (2017).

Internetquellen
https://www.awmf.org/uploads/tx_szleitlinien/053-002l_S3_Muedigkeit_2018-06.pdf
https://www.gesundheitsinformation.de/schlafprobleme-und-schlafstoerungen-insomnie.html
https://www.gbe-bund.de/pdf/degs1_chronischer_stress.pdf
https://www.msdmanuals.com/de-de/heim/spezialthemen/chronisches-ersch%C3%B6pfungssyndrom/chronisches-ersch%C3%B6pfungssyndrom

DALASA
VERLAG

© 2022 by Dalasa GmbH Wien
Alle Rechte vorbehalten
ISBN: 978-3-9505274-0-7

Bücher des Dalasa Verlags gibt es in jeder Buchhandlung und auf allen Online-Plattformen

Hinweis: Im Sinne einer flüssigen Lesbarkeit wird bei geschlechtsspezifischen Begriffen in den Texten auf die Hinzufügung der jeweiligen weiblichen Formulierungen verzichtet. Alle personalen Begriffe sind jedoch geschlechtsneutral gemeint, also weiblich und männlich zu lesen.

Cover und Layout: Markenstolz OG, Graz
Lektorat: Bernd Beutl
Korrektorat: Lisa Türk
Druck und Bindung: Medienfabrik Graz

PEFC zertifiziert
Dieses Produkt stammt aus nachhaltig bewirtschafteten Wäldern und kontrollierten Quellen
PEFC/06-39-22
www.pefc.at

Bildnachweise:
Sven-David Müller: Privat
Almut Müller: Privat
Grafiken: Shutterstock, Markenstolz OG
Fotos: Unsplash, Pexels, Shutterstock, iStock